自分の
薬を
つくる
坂口恭平
晶文社
JIBUN NO KUSURI WO TSUKURU

カバー装画＋本文イラスト：大山功一
装丁：大山功一＋佐藤亜沙美

自分の薬をつくる　目次

CONTENTS

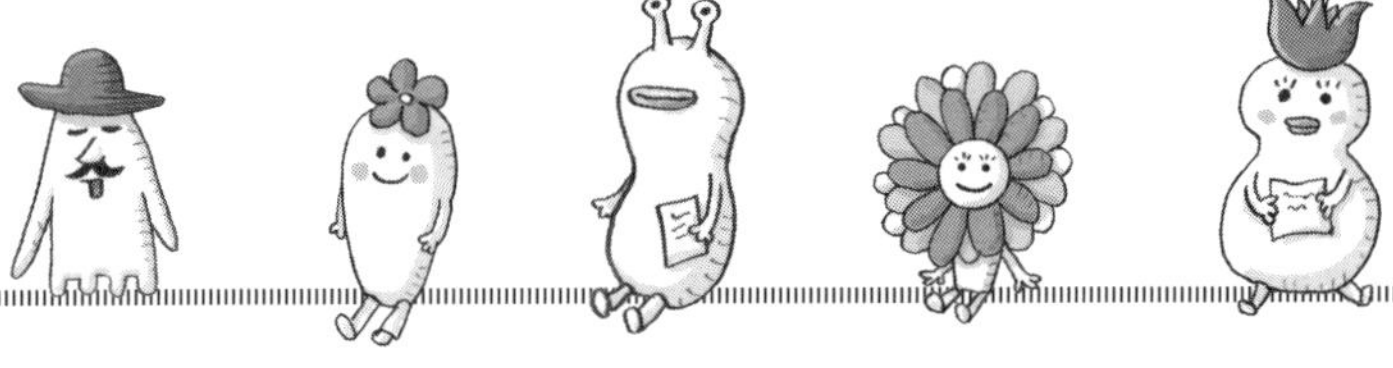

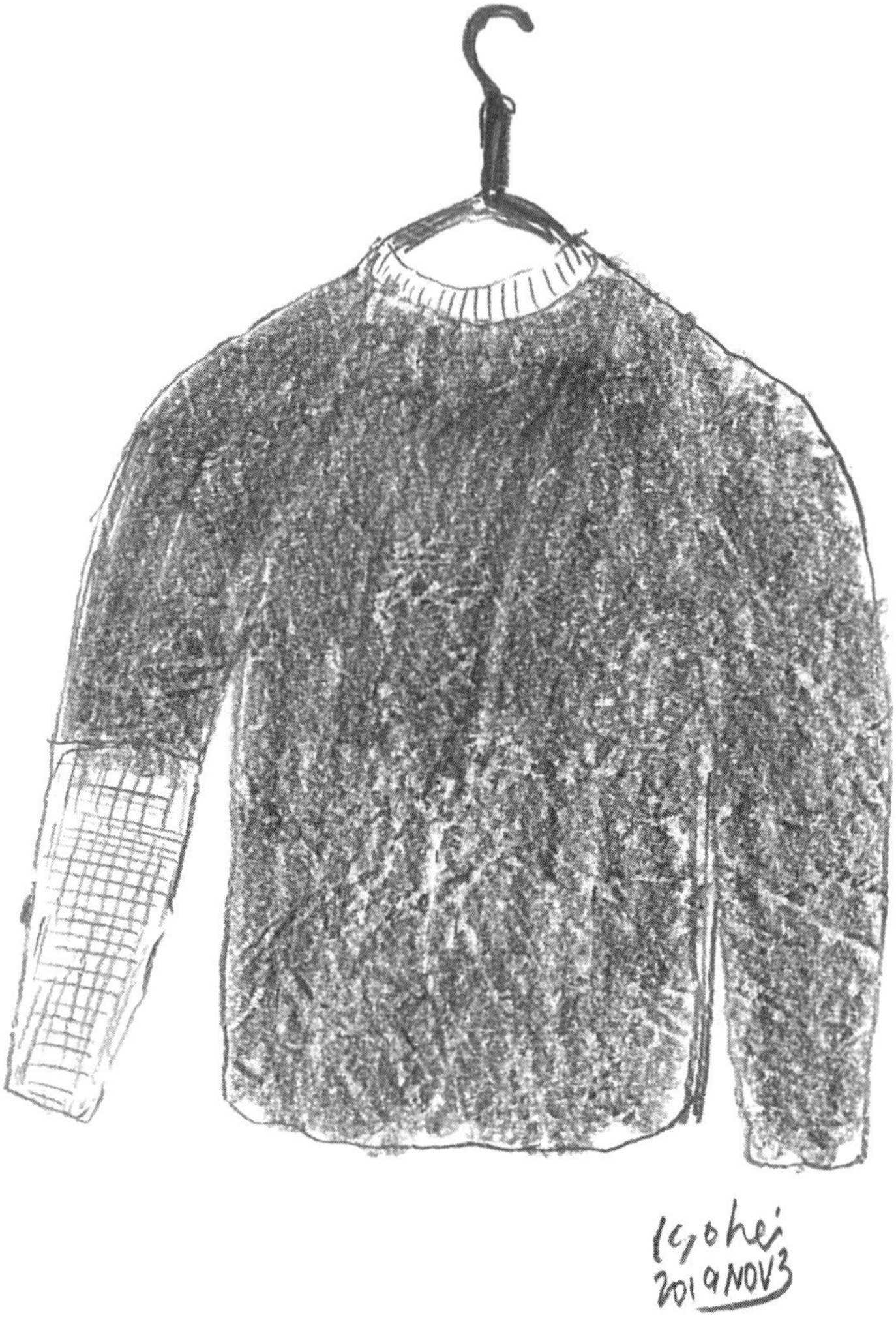
kyohei
2019NOV3

STAGE:00

「自分の薬をつくる」ワークショップのための準備

——何もない多目的ホール——

まずは壁に向かって机を一二台並べ、一台につき二つの椅子、全部で二四人分の椅子を置く。

机の上にA4のコピー用紙を人数分並べて置く。

壁側にホワイトボードを置く。

壁沿いに机を置き、そこに自分でつくった織物、その上に自分で吹いたガラスの花瓶、水を入れ、リンドウの花を挿す。さらに壁に立てかけるようにして、額装された自分の絵、壁に釘を打ち、ハンガーにかけた自分で編んだセーターを飾る。

ホワイトボードに向かって左側にはガットギターを立てかけておく。

iPhoneを机の上に置き、そこからはBrian EnoのAmbient 1: Music for Airportsが流れている。

ホールの入り口で受付を済ませたワークショップ参加者二四名は好きな椅子に座る。

私は椅子に座った参加者に向き合うような格好でホワイトボードの前に立ち、話をはじめる。

STAGE: 01 オリエンテーション

1 はじめに

初めまして。坂口恭平です。ワークショップをするのは初めてなんですが、えっと今日はですね、あ、これ（ホワイトボードを指差す）ですけど、ただホワイトボードを使いたいだけです。ワークショップもやったことがないので勝手はわかりません。なんとなく雰囲気だけ、こんなふうにやってみたいなあという感じにしてます。まあ、とにかくはじめてみましょう。

「自分の薬をつくる」

ま、タイトルだけとりあえず閃いたんですね。この空間もなんとなくワークショップみたいなものをイメージしてつくってみましたが、何をやるのかは私もまだわかっていません。

一応、設定としてはみなさん、ここは病院ということになってます。

ここは待合室なんですね。わかりますかね。みなさんが向かい合ったりしないようにこちらを向いて待合室のソファに座っている感じですね。(参加者の一人が遅れて入ってくる)あ、いらっしゃいませ。ま、精神科の病院とかに通っている方はわかるかもしれませんけど、あんな感じです。あなたたちは今、それぞれの目と目があんまり合わないように工夫されている静かな待合室にいる……とまあそんな感じです。

この空間の小道具に関しても一応、説明しておきましょう。

これは私が描いた絵です。

よく病院とかで患者さんなのか、医者の友人が描いたのかわかりませんが見るじゃないですか、絵を。あんな感じのつもりです。

壁に飾ってあるのが、私が編んだセーター。これもかわいいでしょ？　家の近くに「あいむ毛糸店」という昔からやってる毛糸店がありまして、今年で九〇歳になるアッコ先生

Kyohei
2019NOV3

という方が無料で編み物教室をやっているんですよ。手首から先を動かすと、体調にいいのではないかと思いまして、セーターを編み始めたらハマってしまいまして、現在五着目を編んでます。

これは私が織った、と言っても「咲きおり」という家庭用の一五〇〇〇円くらいで買える織物機があるんですが、それで織ったもので、ブルガリアの伝統的な模様に見えますが、そういうものをチラッと見て、私が勝手に設計図も描かずに、即興で織ったものです。

これもそうです。ガラスも自分で吹いてみました。知り合いが倉敷で工房をやってまして、そこに突然行って、三時間だけ作業させてもらって七つくらいガラスの器を作らせてもらったんですが、そのうちの一つです。そこにリンドウの花を活けてます。リンドウの花言葉は「I love you best when you are sad」ということで、何か意味があるんですかね。今日、花屋でふと目に入ったんですよ。それを買ってきたんですが、後で花言葉を調べてびっくりと言いますか、今日のワークショップにも合ってるんじゃないかと思いました。

こういった物を配置しまして、心地いい空間を作りたいと思ったわけですね。こういう細かいことで、人の気分というものは、風向きが変わると言いますか、見えない何かが、触角みたいなものがですね、反応しますから、大事なんですよね。

まあ、こういった気持ちいい空間をまず作りまして、これから一体何をするのだろうと、みなさんでどんなワークショップをするかを考えてみようというワークショップなんです。

2 薬＝日課

まずですね「自分の薬をつくる」ですから、薬ということについて考えていきましょう。薬飲んでいらっしゃる方、いますか？　ああ、いますね。三人いらっしゃいます。

坂口「週に何回くらい飲んでますか？」
男1「えっ、ま、毎日」
坂口「毎日飲んでるんですか、なるほど、では次の方、あなたは週に何回くらい飲んでいらっしゃいますか？」
男2「えっと、毎日です」
坂口「あなたも毎日なんですね。もう一人いらっしゃいますから聞いてみましょう。あなたももしかして……」
男3「毎日です」

ということで、みなさん薬は毎日飲んでいるようです。そりゃそうですよね。それが薬です。毎日飲まないとだめだからって、タイマーかけたり、カレンダーに印を描いたり、いろいろみなさん薬を毎日飲むために努力してらっしゃいますよね。うちの祖母も薬袋が入るカレンダーまで買って、それに入れて飲んでました。徹底してますね。薬ってのは。

では次に違う質問をしてみたいと思います。

薬以外に何か毎日やっていることはありますでしょうか？

坂口「はいあなた」

男1「お風呂です」

男2「歯磨き」

坂口「これ、なんか台本とかないんですよね？　私が知らないうちに台本があって、そうやって私に仕組んでいるってことはないですよね。ドッキリとか、モニタリングってあの番組ですか？　なぜか私が進めたいようになってるんですけど」

男3「睡眠ですね」

坂口「はい。なぜか私が頭の中に思い浮かべていることが、言葉になっていて、びっくりするんですけど、私はドッキリにやられているわけじゃないですよね？　トゥルーマン・ショーって映画があるじゃないですか。あれを観ると、いつも私は自分のことなんじゃないかって勘違いしちゃうんですけど、まさか、あなたたちすべてが仕込みの人ってわけじゃないですよね。ちゃんと応募して参加された方ですよね？」

男3「はい、そうです」

坂口「それではもう一人の方、あ、はい、あなた」

女1「私の場合は、テレビですね」

私はですね、躁鬱病という診断を受けてまして、今の医学ではそれは病気です。精神障害者としても認定を受けてはいるんですけど、なぜか収入が多すぎて障害者手帳というものはもらえないんです。なんでお金が関係あるのかはわからないんですけど、ま、それはいいんですけどね、毎日薬を飲んでいるんですね。いや正確に言うと、飲んでました。二〇〇九年に診断を受けてからは、ほぼ毎日薬を飲んでました。でも、今はもう飲んでいません。

それはなんでかというと、**自分で薬がつくれるようになった**からなんですね。

自分の薬の調合に成功したわけです。

つまり、薬を飲むってことは何をしているかと言いますとですね、薬は「毎日」飲むんですから、風呂、歯磨き、睡眠とかの仲間なんですよ。つまり、**薬ってのは「日課」なんですよね**。そういう習慣をつくる。薬を毎日飲むことで、新しい習慣が生まれる。そうすることで、体を変化させようってことなんじゃないかと私は思ったわけです。

薬＝「毎日」飲む＝風呂や歯磨きや睡眠＝日課

つまり、自分の薬をつくる＝自分の日課をつくる、ということ。

このように自分に合った、自分の症状や調子に合わせた新しい日課をつくることで、体が変わっていくんじゃないかと僕は考えたわけです。

というわけで、今回は、「自分の日課をつくってみよう」と私は声をかけてみようと思います。それが自分の薬をつくるというワークショップになるんじゃないかと。

3 しおり

しかしですね「日課」というと、少し堅いといいますか、やらなくちゃいけないものって感じです。そうなると、一日サボっただけでつい落ち込んじゃうんですよね。三日坊主ってすぐ自分に言っちゃうじゃないですか。ところが薬を一日飲まなくても落ち込まないですよね。薬ってのはだから上手なわけです。薬という言葉に換えることで「落ち込まないシステム」を作ってるわけですね。

日課にも、薬が活用しているこの「落ち込まないシステム」をうまく使いたい。

つまり、言葉を言い換えるってことですね。

日課を言い換えるとどうなりますかね？

(ここで Brian Eno の曲が二曲目に入り、リラックスできたピアノの曲から、人の声を使った変な曲に変わる)

あなたじゃないですよ。

もう耳にはさっきの環境音が入って、残っていると思うので、皆さんもここが病院だということがなんとなく感じてもらえたと思います。もう大丈夫ですね。

(と言いながら、iPhone の音を止めて無音にする)

私が最近見つけた言葉は「しおり」です。あの旅のしおりの「しおり」ですね。日課と聞くと、やらなくちゃいけないって思いますけど、しおりというと、急に楽しい感じがでてきませんか？　私はしおりをつくるのが好きで、家族で旅行するときや、一人で旅をするときも、それこそ、旅してなくて、毎日の生活の中でもしおりをつくることが好きです。

遡るとしおりを初めてつくったのは、九歳くらいのときですかね。そのときに作ったしおりのことをこのホワイトボードを使って説明します。書きながら説明していると、それが面白すぎて、これはオリエンテーションのつもりなんですが、どんどん話が長くなってきてます。オリエンテーションの後、みなさんには今日だけ患者さんになってもらって、病院を舞台に演劇をしてもらうことになってますので、もうしばらく我慢して、話を聞いてくださいね。

さて、九歳くらいのときから、今もそうなんですが私はとても早起きだったんです。日曜日なんか一番早起きしてました。そうすると、一日がたっぷりあるので、好きなことが好きなだけできます。それがとても心地よくて、その頃は躁鬱なんてものも発症しておりませんし、たいそう幸福な生活を送ってました。六畳の部屋を私弟妹の三人で使ってたんですが、早起きすると、寝静まって誰も使ってませんから、一人部屋の雰囲気を味わえる。両親も起きてませんからなんなら一人暮らしの予感すら感じてました。それでまずは机の上を綺麗にする。そして、Ａ４の紙を取り出して、そこに置く。私はとにかく白い紙が好きでしたので、常にＡ４用紙を常備してもらってました。

紙の上に丸い円を大きく描きます。そして、そこに一日のスケジュールを描き込んでいくんです。朝は漫画、朝ごはんを食べて、ごはんの後は手作りゲーム、二時間作業をした後、宿題、その後、弟とアパートの前で野球、お昼ごはんを食べたら、友達のところに行って、それで何時に帰ってきて、とか結構綿密にしおりをつくっていきます。

すると、なんでも完遂できたんですよ。漫画も描き上げられたし、ノートにＲＰＧをつくることもできた。勉強もそうやって紙の上に計画表を書くとどんどん進むということも知りました。私は九歳のときから朝は早起きして、まずしおりをつくる。そうやってすべてを乗り越え、喜びに浸っていたんだということを思い出したんです。

そういう意味では、当時から自分の薬をつくっていたと言えます。

人は自然とそうやって自分を調整しているんだと思います。

話はまた変わるのですが、私はＡ４用紙さえあれば、なんでもできるとその頃から思ってました。私は旅のしおりをつくるときももちろんＡ４用紙を使います。それで自家製の数ページある旅のしおりをつくるんです。

表紙には絵を描いて、中に時間が書き込まれたスケジュールと簡略な地図、いくことになっているお店の電話番号なんかを書き込むわけです。今は携帯電話でなんでもできますが、やはりしおりがあると旅が全然変わります。もちろんこれは人によりますけどね。

ぼうっと過ごす方が好きな人もいると思いますが、私の場合はぼうっとしていると、躁鬱の鬱の気配が何かを察知しちゃうんですよね。だから、できるだけ日程は決まっていた方がいい、というか、決まっているととても鮮やかに世界が見えます。何をするのか決まってないと途端に灰色になってしまうんです。

そういうわけで私にとってしおり、つまり日課はとても重要で、それを計画したり、確認するためのA４用紙が必需品なんです。だから、今日もみなさんの机の上に紙を置いておきました。何に使うのかは、まだわからないんですけど。

九歳のときに週刊少年ジャンプを読んでました。週刊少年ジャンプを読んだら、週刊少年ジャンプの世界に入れる。子供ならなお一層入り込めるって思うじゃないですか？　だけど、私はなかなか入り込めなかったんです。いや、確かにむちゃくちゃ入り込んで読んでたんですよ。でも、それに魅了されればされるほど、自分で作りたくなっちゃって、もう他の人が描いた漫画はどうでもよくなっていったんですね。しかも自分がやりたかったのは、「漫画を描く」ってことよりも、「週刊少年ジャンプをつくる」ことだったんですよ。私の場合、インプットが少しでよくて、すぐアウトプットしたくなっちゃうようです。このインプットとアウトプットのバランスについてはのちに何か話すと思います。ちょっと頭に入れておいてください。

Ａ４サイズの白い紙を半分に折って、それを三枚分作って、重ねます。背をつくるために三枚まとめて少し折り目つけて、そこをホッチキスで留めます。こうやって一二ページ分の小冊子を作って、それを連載一回分の量にして、描いては弟に読ませてました。計画表を立ててますから、連載も継続することができるんです。そうやって少しずつ貯めていく。

二〇回分くらい貯まると、それらをまとめて、今度はＡ４用紙じゃなくてもう少し厚手の紙を持ってきて、束ねた連載の背に木工用ボンドをつけてとうとう雑誌を作ったんです。私はまだ一人前の「ジャンプ」制作者ではないので「少年ホップステップ」と名付けました。二大連載が掲載されていて、といってもその二つだけなのですが、一つは当時はやっていた「キン肉マン」を英語にして「マッスルマン」にして、でもそれだとそのままなので、少しだけいじって「ハッスルマン」という名前のプロレス漫画と「モノモノくん」という名前の、今で言うとトイストーリーみたいに、私の学習机の上で私がいないときに文房具たちが動き出す話で、こちらもバトル系の漫画でした。

4 自分の薬をつくる——実例：私の場合

そういうわけで、私はとにかく九歳くらいから、自分の身を守るため、そして楽しむために、しおりをつくっては日課を続けるということをやり続けてきました。日課のマニアみたいなものです。

現在の日課は以下のようになってます。

▼坂口恭平の1日

午前4時　起床
午前4時半　執筆（必ず10枚書き上げること）
午前9時　仕事終了そのまま休憩30分
午前9時半　散歩（軽く1時間）

午前10時半　休憩30分
午前11時　家の掃除、洗い物
午前12時　昼ごはん自炊
午後1時　橙書店で仕事（2時間）
午後3時　アトリエで絵を描く（3時間）
午後6時　仕事完了　帰宅　休憩
午後7時　夜ごはん　食後　休憩
午後9時　就寝

これが四一年間生きてきて、今のところ一番ベストな薬＝日課だと思ってます。まず何よりも、毎日一〇枚書くということ。これが私の人生では一番の薬です。そして、これが私の仕事でもあります。そこで私はこの健康の要であり、稼ぎの要でもある「書くこと」をとにかく毎日続けることだけを考えてます。それ以外は適当でいいかなと。毎日書くことができていれば、心に余裕ができるので、いろんなことが楽にできます。というわけでまずもって書くことに集中する必要があるわけです。力をそこに注ぎたい。そこでどうするか。簡単なことです。一日のうちで一番体力があるときに書くこと。かつ、いろんな用事で揺さぶられないこと。この二点さえ守れていれば、書くことを続けることができます。

そこで朝一番最初にやることにしました。

朝四時におきて、そのまま机に座ります。そして、朝四時であれば、一年を通じて、誰かに邪魔されることがありません。急な用事がその時間にできることもありません。海外に出張することも多いのですが、そういう時ですら朝四時はホテルの中にいますので、どんな時でも絶対に邪魔されません。朝三時起きも、また五時起きも試してみたのですが、三時だと早すぎて、五時だともう朝がきてる感覚があり、遅いと感じるようです。そこで四時にしたら体に合いました。

スッキリした頭で臨む四時から九時までの五時間は本当に自分でもびっくりするくらい動きがいいです。そうやって朝の時間に最初に一番重要な仕事を完了させておけば、あとは落ち着いて過ごすことができると少しずつわかってきました。

書く仕事が終わってから暇で、間違って落ち込んでしまった時もありました。そこで書いたあともスケジュール自体はある程度、きちんと決めておくことにしました。それでも休憩は多めです。散歩もその辺を気が向くままにぶらぶらするだけです。一時間くらいは外に出ておこうかなとそれくらいです。書くことを締める代わりにあとはだらだらとして

2019年の日課

※基本的に月〜日まで一緒

原稿月産
300枚
絵月産
100枚

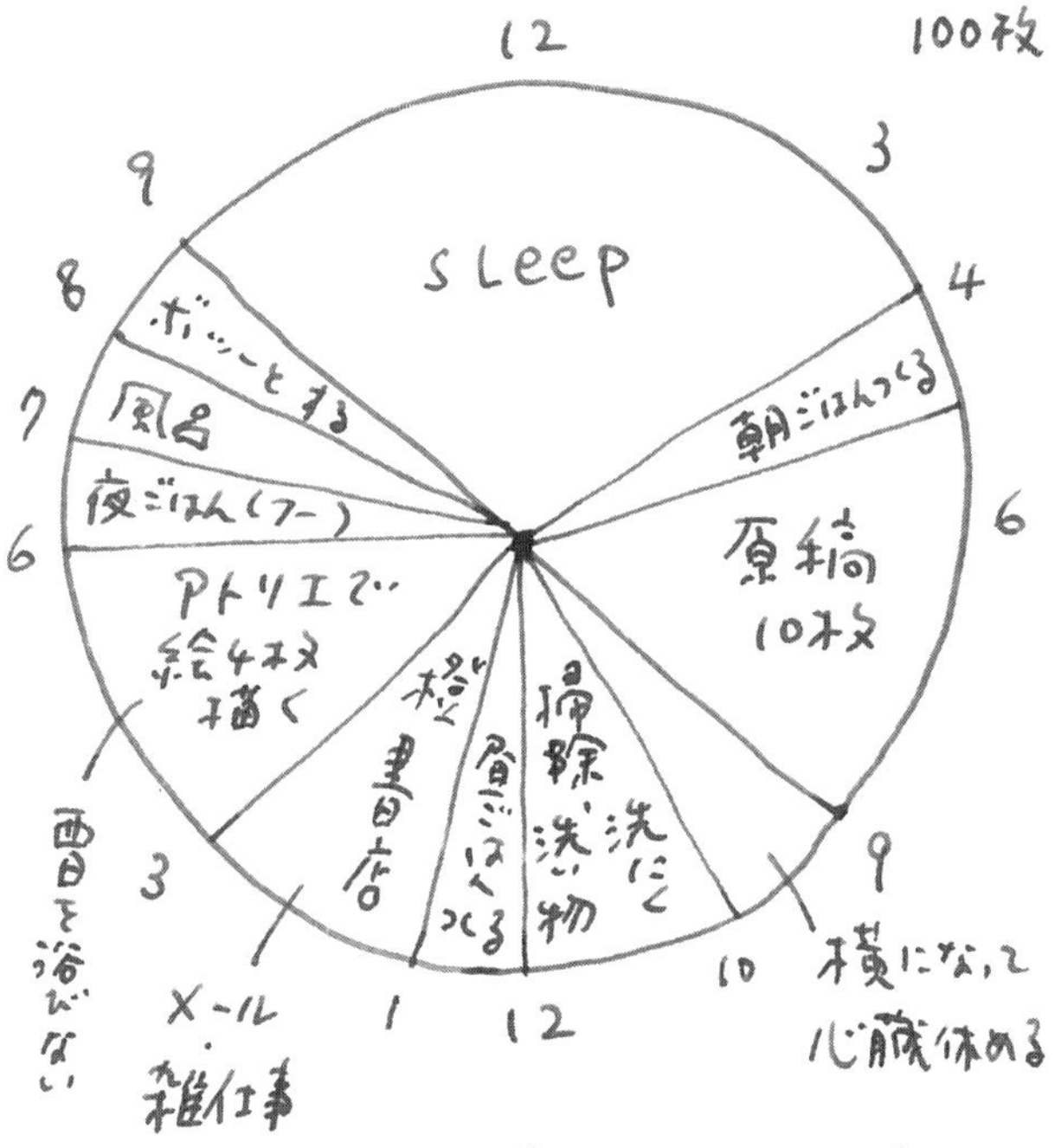

※朝ごはん（土鍋で米を炊く、味噌汁）
→これつくっておけば夜までもつ

※午前1時間、午後1時間横になる。

※眠れなくてもPM9:00〜AM4:00横になる。

※二度寝はしない

坂口恭平

もいいことにしてます。

橙書店の二時間はほとんど店主の久子ちゃんと喋るだけだし、でも、この時間がたいていは一人で過ごしている私の大事な人との時間ですので、気楽で楽しい時間として作ってます。

あと午後三時から午後六時の日が暮れるまでの時間は、私はすぐに虚無を感じてしまって鬱になるので、この間は現代美術館が貸し出してくれているアトリエにカーテンを閉めて入って、絵を描く仕事に没頭するようにしてます。つまり、この時間の太陽光を一切浴びないようにしたんです。すると不思議なことに虚無感を一切感じなくなりました。夕暮れの感じと、手持ち無沙汰な状態が混ざると落ち込むのかもしれません。もちろんこれは僕の場合ですので、みなさんにも有効かはわかりませんが、苦手な時間帯というのはあると思います。こういう時に落ち込むと、つい自分の性格の問題だ、となってしまいがちですが、僕は自分の性格の問題だ、と一切考えないようになりました。なぜなら、それは対処ができないからです。対処ができるものに、都合よく問題をすり替えていく。この場合も、虚無感をつい感じる私という問題から、多分この三時から六時までの西日の光が体に合っていないんだと捉え直してみたわけです。そして、その時間の光を一切浴びないようにしてみたら、やはり体が楽になったんです。ついつい自分のせいにしがちですが、原因は常に外に作る。それを口にすると、すぐ人のせいにする人みたいになってしまいますが、口にせずに、行動として対処するととても効果的なのではないかと私は考えてます。みなさんも苦手な時間帯があれば、ぜひその時間の太陽光をまず避けてみてください。それが夜の場合であれば、寝てみてください。

そして私はこの西日を浴びない三時間を、毎日休まず絵を描くという「つくる」ことに集中させてます。仕事量で言うと、多くの人たちと同じ八時間労働ですが、私の場合は朝四時からの早朝五時間、そして日が暮れるまでの夕方三時間と二つに分かれていて、その間はぼんやりと楽しく過ごす、ゆっくりする、ようにしてます。

5 つくるということ

次に自分の薬をつくる、の「つくる」ことについて考えてみましょう。

まずあなたは薬を求めているわけですから、今、ちょっときついなあとか、苦しいなあとか感じているんだと思います。頭を抱えている。このように両手で頭を押さえながら、ウンウン唸っているみなさんが決まって吐露する口癖があります。

「好奇心がなくなった」
「関心がなくなった」
「興味がなくなった」

こういった言葉です。つまり、昔、私はいろんなことに好奇心を持っていた、関心のあることがあり、なんにでも興味を持って取り組んでいた、ってことなんですね。ところが、今では何も考えることができなくなった、なんにもしたくなくなったと言うのです。

そして、それがきっかけとなって「死にたい」と感じてしまうようです。それはあまりにも極端に繋げすぎなんじゃないかと思うんですが、多くの人がそう言います。私は二〇一二年から死にたくなった人からの電話相談「いのっちの電話」を続けているのですが、ほとんどの人が口にする言葉がこの「好奇心がなくなった」「関心がなくなった」「興味がなくなった」という三つの言葉です。

だからといってそれで死ななくてもいいじゃないかと客観的に思いつつ、それが笑えないのは、私自身もまたそうなってしまうからです。

躁鬱病を患っている私は、定期的に鬱状態になり、その時に感じることがまさに好奇心がなくなってしまうことなのです。関心も興味も。好奇心と関心と興味の違いも何もないのですが、その時に応じて、どれかの言葉を吐き出します。そうやって、体が壊れてしまったんだ、そして、もう二度と元には戻らないんだ、というふうにエスカレートしていきます。

では「好奇心がなくなった」という状態は一体、どんな状態なのでしょうか？

好奇心で普段何をしていたかを先に考えてみましょう。

私の場合でいうと、好奇心があると、まずはいろんなことが知りたくなります。インターネットもよくしますし、本もジャンル関係なくいろんなものを読みます。テレビだって時々は見ます。映画も絵も好きです。音楽もよく聴きます。外に出て、いろんな展覧会や、知らない場所に行くのも好きです。そして、人も好きですね。人と会って、話して、その人のいろんなところを知りたくなります。そうやって、疲れるのも忘れて、いろんな物事に好奇心を持ちます。書きながら、ちょっとやりすぎなんじゃないかと思うくらいです。これが私の躁状態の時の、つまり、好奇心過剰な時の私です。

これはどういうことかというと、外界の観察をしまくっているわけですね。

とにかく自分の内側よりも、むしろそれをそっちのけにして、外側が気になっている。つまり、ほとんどが「目を使って得られる情報」です。音楽は違いますが、音楽もPVとかCDジャケットとかそういったものも入ってきますから、目も使います。もちろん耳も口も鼻も使うんですが、この好奇心のほとんどをしめるのは目を使って刺激を取り入れるという作業なのではないかと思います。

また、目に見えているもののことを私たちは「現実」と呼んでいます。

そして、目に見えないもののことは存在しないと思っている。目に見えないはずのものが見えても勘違いと言われてしまいます。

以上のことを踏まえると、好奇心がなくなっているのは「目に見える＝現実に存在しているものの情報を体に取り込みたくない状態だからだ」と考えることができるのではないでしょうか？

好奇心がないのは、外の情報をインプットしたくないからなんです。

体は拒否してます。しかし私自身は続けたいと思っているわけです。そこがズレてしまっているんですね。体はもうお腹いっぱいで食べなくてもいいと言っているのに、意識は満腹感みたいなものが壊れてしまっていて、胃が膨らんでいることに気づかず、どんどん口にしようとするわけです。そりゃ、入っていくはずがありません。

大事なことは食べるのをやめて、少し運動でもしながら、消化して、ウンチを出すことなのですが、現実というものはそこにあるのが当然、何もかも目で見て取り込むのが当然、現実以外には存在しないのだから、それを休むのは異常だという既成概念が強いですから、ちょっと外の情報を体に取り入れなくなっただけで、つまり好奇心がなくなっただけで、自分はダメな人間なんだ、現実世界とうまく合っていないんだ、という思考に走りやすいのかもしれません。それが行き過ぎると「死にたい」と考えるようになってしまうわけです。

こうやって考えると、やはり「死にたい」と思ってしまうのは、勘違いかもしれないと思えますよね？

必要なのは死ぬことではなく、休んで、消化して、ウンチをすることのはずです。

「好奇心がない」「関心がない」「興味がない」という状態について、私にはもう一つ別の経験があります。

それが「つくる」ときなんです。

何か新しいものをつくる時、たとえば、私の場合で言えば、新しい小説を書いている時、まわりの人からは「次々と書けて、想像力が豊かなんですね」と言われることがあります。確かに好奇心や前向きの強い気持ちみたいなものが、作品をつくっている活力になっていることは多々あります。しかし、つくる直前はそうではありません。真逆であることの方が多いんです。とても敏感になっているので、ちょっとしたことで考えが揺れ動きます。前向きというよりも、後ろ向きであることの方が多いです。そして、何よりも「好奇心がない」「関心がない」「興味がない」という状態になっているんです。

書いている最中も、私の場合は創造性が溢れ出している状態とはほど遠いような気がします。むしろその逆なんです。自分の独自の思考みたいなものは、私自身は感じられていない。私は自分が考えていることを書いているわけじゃないと感じてます。

エッセイのような文章であれば、自分が考えていることをそのまま言語化しているという感覚があるのですが、小説、しかも長編小説の場合はまったくそうではありません。書かされているというわけでもないのですが、私は外側の現実はまったく受け付けられなくなっているかわりに、目を瞑ると、内側に風景が広がっていて、それももう一つの現実だと捉えているのですが、その「目を使わないで見える現実」の方だけを見て、見えているものだけを言葉にしていきます。

そうやって書いているわけです。つまり、私は何かを生み出しているわけじゃないんです。そうではなくて、**できるだけ自分を出さない**ようにしてます。そうじゃないと鮮明に見えなくなってしまいます。自分の思考が入り込みすぎてしまうと、嘘っぽくなってしまうのです。そのため、私は書いている時はよく「トンネル」というのですが、そういったただの管になっている感覚で、主体性もなければ、創造性もなく、むしろもっと無機物みたいにただの管みたいになって、私にだけ見えているものをできるだけそのままの状態で、言葉として外の現実に出そうと試みています。なぜそうするようになったのかわかりませんが、私はそうじゃない方法で書くことができません。

そんなわけで書く直前だけでなく、書いている時ですら、私は空っぽで、虚ろで、好奇心などもちろんなく、関心も興味もなく、ただの管になっています。

6 みんなアウトプットの方法を知らない

つまり「好奇心がない」「関心がない」「興味がない」という、あの死にたくなる前の最悪な状態は、実は、それほど悪いものではないわけです。

いや、むしろ、何か生み出される前に必ず起こる、大事な「停滞」のようなものなのです。しかし、何も知らないで、そのことに接してしまうと、あまりにも辛すぎて死にたくなってしまいます。なぜなら、それは一見、頭がダメになってしまった、自分が社会というか周りから隔絶してしまっていると感じるからでしょう。

さらに、何か生み出される前というのは、自信がなくなってしまってます。それは当然です。まだ存在するかどうか、存在してもいいのかどうか、誰も安心してみることができないものが出ようとしているのですから。不安定なのは当然です。しかし、こういったことが一つ一つ、死にたい要素として認識されているように感じます。

これはどういうことかと言いますと、

アウトプットの方法をまったく知らない

ということに尽きると思います。

なぜアウトプットの方法を知らないのか？　それは単純なことです。**アウトプットの方法を教わってないから**です。

教わってなくても、一人で勝手に見つけ出してアウトプットできる人はいます。そういう人が、いわゆる芸術家であるとか、表現者になっていくわけですが、アウトプットはそういった人たちだけに備わっている能力ではありません。そうではなく、すべての人が、インプットした分だけ本来はアウトプットする必要があるのです。と、私は思っています。そうやって、考えると、普段鬱で苦しんでいる、死にたくなってしまっているという状態が、どういうことなのかが理解できると思います。

小学校でも中学校でも高校でも大学でも、学ぶのは、インプットの方法だけです。専門学校であれば、アウトプットの方法を少しは学べるかもしれません。

しかし、技術を身につけるためにまずはインプットを教えるでしょう。そうやって、会社に入ります。会社でもまたアウトプットを教わることもなければ、率先してアウトプットするようにと言われる会社は珍しいと思います。基本的にインプットが主体の社会なわけです。

そういう学びの場でなくても、私たちは普段からずっとインプットしています。それこそ朝起きてからずっと外に出て、風景を見ている。これもインプットです。目からの情報、町を歩けば、耳にも入ってきます。寒さや暑さを肌で感じます。

昼時になれば、口から栄養をインプットします。食べたものは、ウンチやおしっこでアウトプットしますが、そのことは誰も不思議に思いません。当然のことだと思ってます。食べた分だけ、出す必要があることも知ってます。溜め込むとろくなことにならないことも知ってます。食べた分は栄養になり、でもその分ちゃんと出さないと、健康ではなくなることも知ってます。多少運動をして、体を動かさないと、ウンチが出なくなることも知ってます。ウンチが土に栄養を与えることも知ってます。それがまた野菜を育てることも知ってます。食べることに関してはインプットとアウトプットのことを知ってます。

他もありますね、呼吸もそうです。酸素をインプットしたら、二酸化炭素をアウトプットする必要があることも知ってます。二酸化炭素だけ吸ってたら人間は死んでしまうが、植物は二酸化炭素が必要で、それで酸素を作り出してくれることも知ってます。

それは学んだから知っているわけです。

私たちの体はただ取り込むだけじゃいけない、むしろ取り込むだけだと窒息して死んでしまう、内臓が破裂して死んでしまう、つまり、かなり危険だということを知っています。しかも、知らなくても、問題ありません。なぜなら、それだと苦しいので、体が自然と吐き出します。体が自然とウンチをします。痛くなるし、苦しくなるし、そうしないと死んでしまうから当然なんです。

何か気づきませんか?

そうです、**インプットばかりで生活していると、体が危険を感じて、ちゃんとサインを送る**ということです。しかも、それは体からすれば死活問題ですので、かなり正確な、そして激しい警告を送っているはずです。窒息しそうになれば、ありえないほど息苦しくなるし、ウンチがたまれば腸がよじれるほど痛くなります。そうしないと、意識を持ったあなたが反応してくれないから、正確に反応してくれるように、直ちに動くしかない警告を送るわけです。だから学ばなくても、あなたは二酸化炭素を吐き、ウンチやおしっこを出すわけです。しかも毎日。ウンチは毎日じゃないかも知れませんが、毎日出す人のことを快便といい、健康な証拠と思われています。

外からの情報を取り込みすぎて、満腹になっている、酸素が過剰にある状態で、しかもアウトプットの方法がわからない。これはつまり、**死にたい、ではなく、このままいくと死んでしまうよ、という体からの警告**なのではないでしょうか？　死にたいんじゃないんです。対処しないと死んでしまうわけです。しかも、解決策はあまりにも単純です。アウトプットをすればいいんです。二酸化炭素を吐き出して、ウンチを排泄すればいいんです。

しかし、アウトプットの方法を教わっていない。

さらに現代ではインプットする情報は果てしなく巨大になっている。

バランスが完全に崩れています。それこそ芸術家たちだけにアウトプットを任せている場合ではないように私は思います。下手でもなんでもいいからアウトプットする必要があります。息を吐く、ウンチを出すことに上手い下手は関係ありません。それはただ必要で、自分なりの方法でやればよく、しかも自然と身についていることで、方法を誰かから教わるようなものでもないはずです。それが本来の方法なはずです。そうしないと、人間は死んでしまっているからです。

つまり、あなたがアウトプットすることは自然な姿なのです。

アウトプットすること、これが「つくる」ことです。

つくるといっても私が使っているこの言葉は、手元で編み物をつくるとか、絵を描くとか、本を書くとか、そういうことだけではないつもりでいます。いろんなつくりかたがあるはずです。自分なりのアウトプットを見つけてほしい。それをこのワークショップで一緒に考えていきたいなと思ってます。

「自分の薬をつくる」

これは自分の日課をつくるということだと言いましたが、自分の日課をつくり出して、毎日実行すること、これ自体が、あなたにとってのアウトプットということです。普段呼吸をするように、排泄をするように、日課をやっていく。そういうことをこれから一人一人、話を聞かせてもらいながら、見つけていきたいと思います。

しかし、そう考えると、あなたが今、死にたいと思うほど、悩んでいるとしますよね。それもまた二酸化炭素を吐き、ウンチしている状態である可能性もあるわけです。悩むのが悪いことだと思い込んでいるから、自分はダメなんだ、もう死んだ方がいいんだという思考回路に入ってしまってますが、実際はそうじゃなくて、アウトプット中かもしれないんです。

哲学者なんてずっと考えてます。書きもせずに、ただ考えている。哲学者にとってはそれがアウトプットの方法なんです。二四時間悩んでいる人は、実は二四時間哲学者のように考えているということなのかもしれません。つまり、それがあなたのアウトプットですから、それを日課にすればいいのです。といっても、つくる必要がないかもしれません。あなたは朝起きたら、顔も洗わず、歯も磨かず、すぐにいつも考え中の態勢に入ります。それってすごいことかもしれません。それをやめずにずっと続けたら、とんでもない哲学的思考が飛び出してくるはずです。死んでる場合ではありません。と、そんなふうにも考えられると思います。

だから、今の状態が悪いわけでもなんでもないんですよ。でも、それで苦しみすぎてる時は、もしかしたら、いきなり、大問題を解こうと必死になってしまっているということかもしれません。まだ油絵の使い方を学び始めたばかりなのに、モナリザに負けない傑作を描こうとしているのかもしれません。野球を始めたばかりで、メジャーリーグの球を跳ね返してホームランを狙っているのかもしれません。さすがにそれだとくたびれてしまいます。無駄に自信を失うのはもったいないですから、少しずつ段階を踏んで、最後はあの二四時間悩み続ける、考え続ける日課を実践し、人類が誰も到達できなかった哲学を見出すところまで突き進んで欲しいと思っています。

呼吸や排泄と少し違いまして、このアウトプット、つまり、つくる、ということは技術が必要で、他の動物も呼吸と排泄は本能でできますし、人間も本能で身につけていますが、この「つくる」というアウトプットだけは、やはり修練が必要になってきます。努力するというと、少し気張りすぎなので、日課の中に取り込んで、それを毎日、少しずつやっていくことで、自然と技術が身についていくというふうにしたらいいのではないかと思います。

まあ、私からの話はこれくらいにしておきまして、早速、自分の薬をつくるワークショップを始めてみましょう。ひとまず休憩をしたいと思います。しばらく空でも眺めて、深呼吸したり、トイレに行っておしっこやウンチをしてみてください。インプットとアウトプットのことでも考えながら。何か閃くかもしれませんよ。

それでは、これでオリエンテーションの時間を終わります。

STAGE: 02

ワークショップ「診察」

実はこれはあなたたちのワークショップではなく、どちらかというと私のためのワークショップなのかもしれません。

私の今の夢が「医者になる」ということなんです。しかも、試験を受ける気はまったくありません。医学部に行く気もさらさらない。手塚治虫さんの漫画「ブラック・ジャック」みたいになりたいんですね。

しかし、現実ではそんなことはできません。それなのに、やっぱりやりたいことはやってみたい。やりたいことはどうにかしてでもまずは実現してみるというのが私の生き方、やり方みたいなもので、二〇一一年にはそうやって、総理大臣になりたかった私は新政府

を一人勝手に創設し、その初代内閣総理大臣に就任して、一人で活動してました。

というわけで、今回も医師になりたい私のためにみなさんにも少し協力してもらいながら「**劇団坂口病院**」を今、さっそく立ち上げてみたいと思います。まずですね、さっきから色々書いていたこのホワイトボードを少しあなたたちの方に移動させてみます。そうすると、これ、壁みたいに見えますよね。隙間だらけですが、演劇ですから、そんな細かいことは気にしなくていいんです。壁だと思ってください。そして、みなさんには患者役を演じてもらいたいと思います。

私が医師であり続けるために、協力してあげようと思う方はぜひそう演じてみてくださ い。別に本物の患者じゃないんですから、深刻になる必要はありません。でも何かを抱えて、この病院にやってきた。そんな感じでいてください。演じればいいだけです。本当のことは言わなくていいです。つまり、あなたたちが今座っているところは、病院の待合室です。

ここに名簿がありますから、上から順に名前をお呼びしますので、呼ばれた方は、席を立って、このホワイトボードの内側に入ってきてください。ホワイトボードの内側が診察室になります。椅子を二つ並べましたので、私に向かい合って座ってください。そして、あなたが困っている症状を私に伝えてください。もちろん本当のことは言わないでいいんです。演じてもらえれば。それに対して、私が対処法をお伝えします。私は大好きなA4

用紙を持ってますので、ここに処方箋を書いて手渡しします。サインもしておきますので、今回のワークショップに参加した記念ですので、お持ち帰りください。

それでは、ここから私は医師になります。

(一人目) 久保田純子さん (くぼた・じゅんこ) 23歳

坂口「えー、久保田さ〜ん」
久保田「はい」
坂口「どうされましたか?」
久保田「んー、最近は、……えっと、なんというか、……」
坂口「自分の薬を作りたい?」
久保田「そうですね。自分の中にある悩みじゃないけど、結構人に言われたことをそのまま認められないんですよね、いいことも悪いことも」
坂口「人から褒められても受け入れられない?」
久保田「そうですね」
坂口「じゃあ人からけなされたら?」

久保田「けなされたことは冷静に判断できるんですけど、褒められるとどうしても否定から入っちゃう」
坂口「でも、それって冷静に判断してるってことですよね？」
久保田「そうですね。いい方には考えられないんですけど」
坂口「それっていいところかもね？　それで困ってるの？」
久保田「割と悩みがそこに詰まってるような」
坂口「へー」
久保田「いいと言われても、自分でいいと思わないから、結局いいところを伸ばせてない」
坂口「あー、なるほど」
久保田「なんか、得意なこととか……」
坂口「なんかあるの？」
久保田「好きなことや趣味の話になっても、みんなすごい各々詳しい子がいて、文章を書くことなんかも好きなんですけど、どうしても人と比べちゃいます」
坂口「なるほど」
久保田「もしかすると、いいところを自分で認められないっていうのも、結局は人と比べるから？　っていうのは自分でもわかってるんですけど、どうしても比べる坂口「なんか、人と比べるようになったきっかけってあるんですか？」
……」
久保田「いや、ないんですけど、自分の中で波があって、人と比べない時期の方が楽だし、なんでもやる気が出るんですけど」
坂口「インターネットやったことありますか？」
久保田「インターネット好きです」
坂口「好きですか……。その、インターネットで『人と比べる』って検索したりします？」
久保田「んー、人と比べる、って言葉で今まで検索したことはないんですけど……」
坂口「じゃ、私が調子悪くて寝込んでいる時の癖を教えますね」
久保田「はい」
坂口「インターネットで『人と比べないようにするための五つのコツ』みたいなまとめサイトをついつい調べちゃうんですよ。それを読んで、そこにこういう人に当てはまるって箇条書きでいくつか書いてあるのを読むんですけど、どれもハズレがなく、ムッチャ俺や〜、って言って、わざわざ落ち込んでます。それあなたもやっちゃいません？」

久保田「やりますね」

坂口「でしょ、俺らそれだけだよ」

久保田「(笑)」

(五分が経過し、タイマーが鳴る)

看護師「先生、もう時間です」

坂口「早っ！　これは短い……。ちょっと処方箋をつくります！　人と比べてしまって落ち込む理由は、これ、インターネットでいろんなものを見すぎているだけです。これ結論。なので、私たちは疲れた時はインターネットから離れましょう。え、あと、人から褒められても認められない、自分を悪く思ってしまう、つまり減点ですね、これも人生でまったく必要がありません。あなたは真面目な方で、サボったりもしないですし、元々謙虚な方ですから。ですので、あなたの場合は『**一生反省禁止**』ということになります。そしてですね、毎日、日記を書いてもらってもいいでしょうか？　やることは、やったことすべて書いてください。たとえば皿洗いしたら、あなただったら何点あげますか？」

久保田「苦手なので一〇〇点ですかね」

坂口「いいですね。そうやって、やったことに対して、思い思いの点数をつけてください。で、一〇〇点満点ということにします。ということで、もうあなたは皿を洗った時点で満点行っちゃってますので、これでお風呂洗ったり、入ったり、ご飯作ったり、部屋の掃除したりしただけで気づいたら一〇〇〇点くらいになってる可能性もあるわけです。そういう加点日記をつけてみてください。減点ないから気持ちよくて、とてもいいですよ。これは私やってます。先日も過去最高得点の一三〇〇点をあげて、本当それだけで嬉しいんですよ。はい、ではこれにサインしておきますね。あと私の電話番号090-8106-4666も書いておきましょうね。ではこれが処方箋です。次回からの診察はこの電話になります。ワークショップって一回だけで終わるじゃないですか？　ところが私の病院は一生保証ですので、ご心配なく。さ、それではお疲れ様でした。またお会いしましょう」

久保田「ありがとうございました」

＊

久保田さん

症状：人から褒められても認められない。人と比べてしまう。
理由：インターネットの見すぎ。人のことチェックしすぎ。
対策：人と比べるのは落ち込んでいるときだけなので、落ち込んでいるときはインターネットから離れてみる。あとついつい自分のことを悪く言ってしまうのは癖なので、自分のことをいじめないようにする。反省は禁止する。そのための方法として加点日記をつけてみる。自分がやったことに対して良し悪しを判定するのではなく、やったことということに集中して、やったことの内容ではなく、行為自体に点数をつけてみる練習。そういう行為が積み重なって生活が組み立てられて、自分が出来上がっていることを実感するようにしてみましょう。

（二人目）和久田すみれ（わくた・すみれ）34歳

坂口「どうされましたか？」
和久田「私も体を動かしたいですね、何か作りたいというか」
坂口「作りたいですか？」
和久田「はい、作りたいですね。体を動かしながら作りたい」

坂口「なるほど、では少しずつ考えていきましょう。まず悩んでいることはありますか？」

和久田「悩んでいるっていうか、こう勝手に声が聞こえてくるんです」

坂口「声？　声が聞こえるんですか？」

和久田「声が聞こえるっていうか」

坂口「幻聴ですか？　その声は誰かの声かわかってますか？」

和久田「たぶん自分の声ですね」

坂口「なるほど、自分の声。それは素晴らしいですね。私としてはこの時点でもうあなたは一〇〇点満点です。それは否定的な声ですか？」

和久田「ネガティヴな声、もそうですけど、それだけじゃないです」

坂口「その声と対話ができるんですか？」

和久田「自動的に頭に響いてきて、聞きたくないのに、聞きたくないというよりか、もう自分の意思とは関係なく無意識でそれがたぶん流れてくるんです。でも、みんなもそうなんじゃないかな？　違いますか？」

坂口「いや、色合いは違うかもしれません。私の場合その声は書くときの声だから、全部カギカッコつけちゃう。記号をつけちゃう。そうすると、私の声じゃなくなるんですよね。ちょっとだけ違う人物になる、ちょっとだけ着替えさせるっていうか、自分に似てるけど、ちょっと違う。よくあるでしょ、著者に似てる人物が主人公になってる小説とかあるでしょ。あれあれ。ということはですね」

和久田「はい」

坂口「たぶん、あなた、『書けばいい』と思うんですよ。もう聞こえているんだから。それを幻聴だ、自分で自分を否定してるとか、自分の中で完結して困るんじゃなくて、その声にちょっと体とか服とか着せて、外に出す、つまり、言葉にして紙の上で形にして、勝手に動かしてみたらいいかもしれませんね。あなたの薬は書くことのような気がします。体を動かすのは自分でできるから。あなた料理とか自分でできるタイプでしょ？」

和久田「うーん、そうですね。できますね……」

坂口「うん、それはとびきりにやればいいのかも。たぶん、もうすでに体を動かして何かつくるってことはやってるような気がするんですよね。それプラス、たぶん自分の薬をつくりたい、ということで、声が聞こえている時に、外でれます？」

和久田「うーん」

坂口「好きな喫茶店ありますか？」

和久田「コメダ、ですかね」
坂口「コメダ？　あの、コメダ珈琲ですか」
和久田「はい」
坂口「じゃ、声が聞こえたら、コメダに行って、一時間だけその声をカギカッコをつけて書くっていうのはどうです？」
和久田「でも、結構、声、ずっと、ストップさせようとしないと……」
坂口「ずっと聞こえてる？」
和久田「聞こえてるっていうか……ある」
坂口「二四時間自問自答してる？」
和久田「うん」
坂口「なるほど」
和久田「ずっと鮮明に聞こえてるわけじゃないですけど」
坂口「じゃあ、強弱で考えてみましょうか。声の濃度が濃くなったら、コメダに行ってみましょう。その声がある程度、ぼんやりとしてる時は、書く前の温めている時間だと思って、その空間とか場所が見えてくるはずだから、それをあんまり自分自身と思わずに眺めておきましょうか。その声を。その声をあんまり自分と思い過ぎないように。

声を自分だと思うのは、たぶん誤解だと思うんですよね。だって、その声が聞こえるところにあなたはいないから。あなたはここにいますから。その声っていうのは、おそらくあなたが発しているというよりも、内側であり、外側であり、どこかから、どこかの外部から来てる可能性があるから、外部があるってことを実感してもらって。その外部をチェックしましょうか。

で、**これは自分の物語じゃない**ということも大事です。これは自分の物語にはしないでください。これは外部のもの。つまり、物語。だから主人公も自分じゃない。その声の人を主人公にして書いてみてほしい。さっきも言ったように季節とか空間とかそういうものも必要。たぶんあなたはおしゃれなことも好きだろうから、その時にそこにある布であるとか、匂いとか、色とか道具とかも、その世界で考える。この世界で紫色だから、紫色と書くんじゃなくて、大事なことはその世界で見えているように書いてほしい。きっとあなた書けますよ。これは書こうということですね。えっと、原稿用紙で一八〇枚

(待合室の患者たちが思わず笑う)

坂口「七二〇〇〇字です。書き上げたら私に送ってください」

和久田「わかりました、先生」
坂口「はい、じゃあ、ゆっくり声に耳を傾けてみてください」
和久田「ありがとうございました」
坂口「お、なんか順調ですねみなさん！」
（待合室の患者たちがまた笑う）
坂口「みんな分かってるねえ。えっと、これが私がいのっちの電話で毎日やってることなんです。はい次、行きましょう！」

＊

和久田さん
症状：ひっきりなしに声が聞こえてくる。
理由：アウトプットされたがっている言葉が声にならずに体の中で動き回っている可能性がある。
対策：その声と向き合って自分を否定していくのではなく、声をカギカッコで囲ってみて、物語を書いてみましょう。

（三人目）水川文子（みずかわ・あやこ）41歳

坂口「なんとなく流れがつかめましたか？」
水川「はい」
坂口「では症状を教えてもらってもいいですか？」
水川「いい話でも、悪い話でも、その受け取り方で自分の中で一日を潰してしまったり、執着してしまったり、他のことが手につかなくなったり、気分のアップダウンが激し過ぎて、日常生活に支障が出たりしてしまうんですけど……」
坂口「インターネットしますか？」
水川「はい」
坂口「えっと、動揺しないようにする五つの方法が書いてあるサイトとかのぞいたりしちゃいますか？」
水川「動揺しないようにとか、緊張しないようにとかの方法が書いてある本なら読んだことあります」
坂口「あ、コンビニとかに置いてある感じの本ですか？」
水川「いや、演劇の本です」

坂口「あ、演劇の。舞台女優さんなんですね。なるほど。おそらくですけど、これは他人の言葉なんですよ。たぶん。この『いい話でも悪い話でも受け取り方がちょっとうまくいかず、そのせいで日常生活に支障が起きている。だから平常心を持ちたい』。これ全部他人の言葉なんですよ。だから、自分の言葉じゃないことをあなたは気にしてる。なので、えっと、いい方法があります」

水川「はい」

坂口「さっきも言ったように『しおり』をつくる。明確なしおりをつくりましょう。これは円グラフにしてつくってみてください。夜は何時くらいに寝ますか？」

水川「一時くらい」

坂口「で、何時に起きますか？」

水川「朝の九時です」

坂口「はい。二度寝しますか？」

水川「そうですね。します」

坂口「ちょっとそれだけ切り替えてみましょうか。夜一〇時に寝れますか？」

水川「夜の？」

坂口「眠れる？」

水川「いや、寝れないですね」
坂口「なにしてますか、夜に？」
水川「えっと、ご飯食べて片付けてたら一〇時は過ぎますね」
坂口「仕事から帰ってくるのは何時くらいですか？」
水川「夜八時半くらいですね」
坂口「八時半、じゃあ夜一一時にしましょう。一一時に寝ます。それなら大丈夫かな？」
水川「はい」
坂口「私が思うに、敏感な人は夜遅くなってくると、いろんなものを敏感に感じます。なぜなら外も家の中も音がとても静かだから。

それと二度寝すればするほど、あなたの体は冷えちゃって、重くなって、だるくなってしまいます。もちろん、これは誰もがそうだということです。それで、重くなって動かなくなってしまうと、あなたはそういう思考回路に移行していくんじゃないかなと。ということで、『**たとえ何時に起きたとしても二度寝をしない実験**』をしてもらってもいいですか？ 二時に目を覚ましたら、二時に一応、気持ちよく一回起きてみる。二度寝しない。一一時就寝の六時起きでいいんでやってみましょう。それで七時間は寝れますから。あとはここからは自分で日課を決めてみましょう。二四時間を三〇分単位で一度しっかりスケジュール組んでみてください。そして、それを日課ではなく、しおりと書いてください。日課ではなく、しおり。つまり、やらなくちゃいけないことではなく、ちょっと楽しみを持って、過ごしてみる。あと、やることと次にやることの間に、三〇分の休憩を取り込んでみてください。一日三回休憩入れてみましょう。寝なくてていいんで、ただ横になって心臓を休めてみてください」

水川「はい」

坂口「つまり、**しおりを主軸に生活を回してみましょう。**あなたは日常生活が乱れてしまっているんじゃなくて、いつもの決まった日常生活というものがないんだと思うんです。私が思うに。あなたにとっての『毎日とてつもなく変わらない日常生活』を一回作ってみて、その悩みたちと一緒に付き合ってみましょう。そして、悩むこと自体も、しおりに取り込んでみましょう。つまり、一日三回作った三〇分間の休憩を『集中して悩んでいい時間』ということにして、時間を決めて悩んでみる練習をしてみましょうか」

水川「はい」

坂口「素晴らしい演技です。一〇〇点！　みんな加点日記にもう一〇〇点つけといてください。あ、加点日記のこと、みんなが知っていることを私、知っているんです。すみません私が診察室で話していること、スピーカー通して時々待合室に漏れてることがあるので、気をつけてくださいね。

ここは人の診察を自分の診察のように聞けるという、世界初の画期的な病院なんです。さて、次、行きまーす」

＊

水川さん
症状：ちょっとしたことに気を取られてしまい、それが原因となって他のことが手につかなくなる。
理由：繊細で感じやすい感覚を持っている。しかもそれは長所です。
対策：日課を作って、自分の感覚のまま毎日を過ごすというよりも、感覚を発動させる時間を限定し、他の時間はできるだけ自動的に考えずに動けるようにしてみたらいいかもしれません。

（四人目）内田洋道（うちだ・ひろみち）39歳

坂口「はい、こんにちは。どうされました？」
内田「えっと、仕事好きなんですけど……」
坂口「何されてるんですか？」
内田「ヨガを教えてるのと、」
坂口「ヨガですか」
内田「ＤＪもやってます」
坂口「ＤＪも」
内田「だけど、たまに死にたくなったりするんですよ」
坂口「なるほど」
内田「よくわかんないんですけど。結構幸せな感じではあるんですけど」
坂口「なるほど。収入の方はどうでしょうか？」
内田「収入は悪いです」
坂口「だいたいどれくらいもらってますか？」
内田「二〇万いかないくらいです」

坂口「なるほど。死にたくなるときはどういうタイミング？」
内田「どういうときかなあ」
坂口「どれくらいの頻度で？　三か月にいっぺんくらい？」
内田「いや、月に一度くらいですね」
坂口「結構来ますね。そのときはどうなるの？」
内田「なんか、なんていうか」
坂口「動けなくなる？」
内田「えっと」
坂口「仕事はできる？」
内田「仕事は毎日できるんですけど。いかなきゃいけないから」
坂口「なるほど」
内田「なんだろ、結構前なんですけど、全部が落ちそうになっちゃって」
坂口「なるほど、それはしんどいねえ。さっきオリエンテーションで話した、つくることで言えば何かあります？」
内田「音楽、をつくろうかなとは今思ってて」
坂口「それはまだ？」

内田「今やりはじめたところですね」
坂口「それはどういうの？　曲をミックスしてるの？　それともゼロから作ってる？」
内田「ゼロからやろうと思ってますね」
坂口「デジタルで？」
内田「はい、そうですね」
坂口「生楽器使わない？　なんか楽器できる？」
内田「できません」
坂口「えっとね……わかりました」
内田「はい」
坂口「死にたいってときは……おそらく、これは創造的なときなんだけど、音楽をするときに、デジタルでやるときついような気がする。だからそうじゃない方法を見つけたいんですよね。ＤＪはレコードを使ってる？」
内田「いや、データですね」
坂口「レコードに変えたりできないかな？」
内田「うーん、身軽な方がいいんですよね」
坂口「なるほど、ギターは？」

内田「弾けないですね」
坂口「じゃあ、歌ってみたら？」
内田「歌ですか？……」
坂口「声でいいから。ジェイムス・ブレイクみたいな感じで」
内田「あー、なるほど。はいはい」
坂口「声を録音して、それを楽器みたいにしてやってみるとか。それか、自分で歌詞を書いて、それを誰かに歌ってもらうとか」
内田「あああ」
坂口「つまり、音だけじゃなくて、歌にしてみたらどうかと思うんだよね。死にたくなるときって、もちろんきついんだけど、さっきも話したように、つくるという側面から見ると、必ず頭に何か思い浮かんではいるんだよね。それがすぐには形にならないから苦しいんだけど、確実に浮かんではいる。さっき言ったトンネルみたいにね。ああいうイメージで。わからない時は、さっきのやりかたで。目を瞑って、何が見えますかって自分に聞いてみて。それで見えたものだけを書いていく。文字にする」
内田「文字……」

坂口「そう、それを詩にする」

内田「詩……」

坂口「それが詩。**死にたくなるときは、おそらく詩が生まれるとき**なんだよね。ポエトリーの詩ね」

内田「はい」

坂口「それを書こうとしてる時ってこと」

内田「死にたくなった時に」

坂口「そうそう、死にたくなったときに目を瞑って、見えたことを文字にしてみる。私の場合はもう上達したから、目を瞑らなくても見えるんだけど、たとえば、今、私が目を瞑ると（そう言って、自分でやってみせる）川が見える。石が見えてきた。そういうこと」

内田「あー、わかりました」

坂口「そう、丸石があって、丸石に近寄ってる」

内田「ああ」

坂口「そういうのをもっとやっていくと、詩の情景ができてくるから。それができるようになると、一生死ぬまで書けるようになっていくから。もうそのときは死にたかろうが、死にたくなかろうが、関係なくなってくるのね」

内田「へえ」

坂口「だから、あなたも死にたくなってるとき、きっとそういうことをやってるはずだから、デジタルで音をつくるってだけじゃなくて、頭の中の情景を文字にして、詩を生み出して、音をつくるだけじゃなくて、詩をつけて歌を作ってみるってところまでやってみようか？」

内田「歌？」

坂口「うん。だから誰かに歌わせたらいいから。自分で歌ってもいいし、自分でやれなかったら、自分でやらないで、誰かに歌わせていいから。奥さんが歌える人なら奥さんに頼んで、奥さんが歌えなかったら、歌える友達に頼んでみる。友達がいなかったら、見つけてみる。つまり、生の音が必要。楽器ができないなら声で。どこかに生音を入れたい。そういうときなのかもしれない」

内田「なるほど」

坂口「それで、作ったものは、全部私に送ってきて」

内田「はい」

坂口「それで行こう」

内田「あと、俺日課が続かないんですよ」
坂口「続かなくていいよ。続けたいの？」
内田「はあ」
坂口「続けたいんだったら、週に一回、僕に連絡したらいいよ」
内田「はい」
坂口「報告する相手がいたら、日課は絶対続くよ」
内田「えっ、電話していいんですか？」
坂口「うん、いいよ。じゃ、大丈夫かな？」
内田「はい」
坂口「それでいってみよう。何か生まれてきそうですね。素晴らしい」
内田「ありがとうございました」

＊

内田さん
症状：仕事は順調だが、ふっと死にたくなる。

理由：死にたいというよりも、創造的になっているのではないか。
対策：今やろうとしている「音楽を作る」ということをさらに推し進めてみましょう。

（患者が退室したあと、独り言をいう）

坂口「これ、普通に病院行くより、こっちの方がいいと思いません？」
看護師「先生は辛くないんですか？　大丈夫？」
坂口「あのね、つまり、私、いのっちの電話で電話で声を二万人くらい聞いてきたんですけど、それだと全然大丈夫だったんですよ。で、今、**生身の人間と対面していのっちの電話をする**ってことを試してるわけ。一対一でずっとやるのはしんどいかもしれないんだけど、こうやって、ホワイトボード、あ、壁ですね、この壁の向こうに人がいれば大丈夫な気がしますね」
待合室の患者「おお！」
坂口「つまり、二人だけ向き合って、密室で話を聞いたら、たぶん私からだ壊しちゃうんだけど、こうやって、隙間だらけの壁で、待合室にダダ漏れの状態で話を聞くなら大丈夫なんだって今やりながらわかった。二人でやりつつ、実はみんなも一緒になって聞いてるって状態だったら大丈夫。この状態なら、患者さんもそこまで全部は出せないと思うけど。

でも本当にまずい時は、あとで、私に直接電話すればいいんだから。090-8106-4666に。電話だったら、どんな話でも私は対応できるし、かけてくる方も電話だったら、もっとなんでも言えちゃう。

でも、この公開診察はもちろんすべては話せないんだけど、しかもその話は一応、演技ってことになってる、それでもみんなが聞いてることで、私の負担も随分減るし、同時に患者さんたちが話を聞きながら、自分の診察と同じように聞けるこの方法は画期的なのかもしれません。まだわからないけど。

精神科の先生たちが、名人の医師の後ろで患者の診察を見学する陪審（外来陪審）っていう制度があって、あれの医師じゃなくて、患者バージョンだってことですもんね。これは面白いかも。というか、陪審やるべきは、医師ではなく、患者だったんだと今気づきました。どうなるでしょうかね。さて、次行ってみましょう」

（五人目）渡士結奈（わたし・ゆうな）25歳

坂口「はい、次の方どうぞ。どうしましたか？」

渡士「私、過食症で、食べることを止められなくて、でも、だいぶ、悪い時よりもマシになってきたんですけど……」

坂口「拒食の時もある？」

渡士「昔はそうでした」

坂口「ああ。じゃあ、今は過食だけなんですね。仕事はしてますか？」

渡士「フリーターです」

坂口「じゃあね、がんばって三食作ってみる？」

渡士「ふふふ」

坂口「いや、なんでかというと、三食自分で作ってる時はどんだけでも食べていいと思うんだよね。おそらく過食できつい時は、もうそれこそ生クリーム一気飲みじゃないけど、なんかその状態に入った時だから。ポテトチップスをガブッとか。あの時のすごいストレスに対処していきたいよね。だからその時に入ったら、入った時点で電話してもらおうかな？」

渡士「はい」
坂口「食べてる時に。一緒に電話で話しながら食べてみようよ」
渡士「ふふふ」
坂口「オッケー？　だいたいそういうとき一人なんだよね」
渡士「うん」
坂口「一人でグーって落ち込んだり、ストレスが溜まっているときに、ガーって口の中に入れちゃうから」
渡士「はい」
坂口「食べながらでいいから、電話して」
渡士「ふふふ」
坂口「で、それで三食自炊してもらう時に……。まず私がやってる方法」
渡士「はい」
坂口「朝四時に起きる。起きたら、すぐご飯を炊いて、お味噌汁をつくる。その時にご飯を三食分炊いといて。お味噌汁もたっぷり。そうすると、ご飯と味噌汁はあるから、朝、昼、夜、とそれぞれあと一品ずつ作ればいいだけだから。それだと楽でしょ？　朝、ベーコンエッグ、昼、ベーコンエッグ、夜、焼き魚とか？

どうかな？」

渡士「料理してるとストレス発散になります」

坂口「あ、ほんと？　じゃあちょうどいいね。三食作ってみようよ。私、『cook』っていう料理本出したんだけど、今日も持ってきて、売ってるんだけど、って営業しちゃってるけど……」

渡士「『cook』持ってます」

坂口「あっ、持ってる？　ありがと。だからちょっとああいうふうに可愛くすると楽しいじゃん」

渡士「ふふふ」

坂口「あれは写真に撮って、料理日記書いているけど、全部写真にすると、プリントアウトしなくちゃいけなくて大変だから、私は毎日、夜ファミリーマートに行って、携帯電話で撮影した写真をプリントアウトしてたんだけど、一食分だけ撮影するとか、あ、でも三食の記録がいいしねえ。どうしよっかな。絵を描いたら、一番楽で面白いけど、絵描くの、好き？」

渡士「好きです」

坂口「えっ、絵、好き？　じゃあ、作ったら絵を描こうよ。三食料理をして、料理したものを絵に描いて、料理日記を作ってみましょう。これをちょっと頑張ってみて、今日、一〇月二〇日でしょ？　だから一一月二〇日まで丸一か月間試しに続けてもらってもいい？　で、私それを見たいから、全ページじゃなくてもいいから、何ページかの写真を、私のアドレスにメール送ってください。オッケーですか？」

渡士「はい」

坂口「それでちょっと過食症の具合の様子をみましょう。私もどうやったら過食症が治るかは全然わからないから。ただ過食症、というよりかはたぶん、食べることに焦点がいってない感じがするから。無意識に食べちゃってるわけじゃない？」

渡士「はい」

坂口「だから『**有意識で食べる**』っていうふうにちょっと負荷をかけたほうがいいのかもしれない」

渡士「なるほど」

坂口「という実験をちょっとしてみましょう。じゃあ、これで。よくぞみんなの前で話してくれましたね。一〇〇点！」

渡士「ありがとうございました」

坂口「病院は何時まででしたっけ？」

看護師「四時までです」

坂口「みんなここは待合室ですからね。適当にトイレに行ったり、ドリンク飲んだり、一服したりしてきていいですからね」

＊

渡士さん

症状：過食が治らない。

理由：一人でいることが寂しいのかもしれない。強いストレスを楽にさせるために食べている可能性がある。

対策：自炊をしてみましょう。絵を描くことが好きなんだから、毎食作ったものを絵にして、かわいい料理日記をつけてみましょう。

（六人目）本木遊磨（もとき・ゆうま）34歳

坂口「どうされましたか？」
本木「音楽やってて、録音が好きなんですけど、で、今、アルバム作ってて」
坂口「これまでもアルバム作ったことがあるの？」
本木「一枚だけ作ったことがあります」
坂口「それソロ？」
本木「そうです」
坂口「なるほど。それで次のニューアルバム制作中ってことですね」
本木「そうなんですけど、なかなか集中ができなくて、つい他のことに興味が移っちゃって、次の波みたいなのを待ってる状態なんですけど」
坂口「今、ソロアルバム何枚分くらいの曲があるんですか？」
本木「一枚です、その一枚をまあ、なんか徹底的にやろうと思ってて」
坂口「持ち曲はどれくらいあるんですか？」
本木「持ち曲は、アルバム用には一〇曲ですけど、前のアルバムの曲が一〇曲くらいありますね」

坂口「二〇曲ぐらいですね。それで今は新しく曲作りたいってことですね」
本木「ま、そうすね。作ろうと思って、今はうまくいってないんですけど」
坂口「今の状態をですね、私が本を書いている時のことでいうと、初稿っていうわけですね。初めての原稿と書いて初稿ですね。とりあえず今、自分の体の中にあるものを全部出した状態、まだ手は加えていないままで塊だけある。今、あなたはそういう段階にいるってことだと思うんですよね」
本木「ああ」
坂口「つまり、次に推敲という段階に移行していく時だと思うんですよ。推敲をしてほしいんですよ。音楽の推敲。二〇曲の推敲。
たとえばあなたが音楽家としてデビューするとします。レコード会社の人が、じゃあデビューアルバムを作ろう、と言ってくる。それであなたは持ち曲のその二〇曲をとりあえずデモテープの状態で手渡してる。そうしたら、これからちゃんとスタジオ予約して、バックミュージシャンを入れて、コーラスも入れて、スタジオ録音盤のアルバムを作りたいんだけど、っていう話になると思うんですよ。
という時の、編曲であるとか、つまり、もう一回、二〇曲を全部見渡すことで、レコード会社の人はあなたが最初に作った一枚のソロアルバムだけを聞いて興味を持ったんだけど、今度はちゃんとコンセプトもしっかりしたメジャーデビュー用の正規のアルバムを作る、というイメージでやったらどうかな。もちろんあなたはデビューしてないし、プロデューサーもついていないんだけど、そのつもりで作ってみる。

だから二〇曲をもう一度、俯瞰して、それで一枚アルバムの構成を考えて、歌詞ももう一度推敲してみて、編曲もしてみて、それをスタジオ借りて、バックミュージシャン自分で集めて、きっちり作ってみたら？　知り合いにミュージシャンやプロデューサーがいるなら、彼らにも聞かせて意見をもらったりして。いなかったら、私に聞かせる。

そうやって、今までは自分の中で完結してたかもしれないけど、少し他者の意見を入れつつやることで、全然自分の気づかなかった観点がでてくるはずだから。これまで家で作ってきたものはまだデモの段階ということにして、それを元にマスター音源を作ってみたらどうかな」

本木「はい」

坂口「その時に、今までは自分の世界を構築することに力を入れてきただろうけど、メジャーデビューをするというつもりで、マスター音源をつくるんだから、一曲、NHKの連続ドラマ小説の主題歌に抜擢されたということにして、そういうキャッチーな曲も入れてみましょう。ラジオでかけても理解しやすいように四五秒くらいで流してもわかってもらえるような曲。
　今まで、ずっと自分の世界で、自分で、演奏も全部自分でやってきたんだろうけど、ちょっと『**他者を入れたい**』ってことね。自分が今まで考えてこなかったこと。他者を入れてやってみるのはどうかな？」
本木「はあ」
坂口「メジャーデビューしたと仮定して、他者を入れて、今までのアルバムを見直して、あなたのマスターアルバムを作るってのはどうかな」
本木「なるほど」
坂口「興味ある？」
本木「ありますねえ」
坂口「今まではずっと一人でやってきたんでしょ？」
本木「そうです」
坂口「でも音楽ってそうじゃないもんね。いろんなものや人をどんどん取り込んだ方がいいし、あなたも刷新するから」

本木「そうですよねえ」

坂口「この前、ライ・クーダーの『ボーダーライン』っていうアルバム聞いたんだけど、聞いたことある？」

本木「いやないです」

坂口「一九八〇年の作品なんだけど、これがすごいよかったの。洒落てるっていうか。アメリカ、フォークの聖地であるナッシュビルに行って、そこのミュージシャンと一緒に作ってるわけ。そんな感じで、あなたも自分の曲を持って、勘違いして思い切って、ナッシュビルまで行ってみるとか」

本木「ああ」

坂口「全然違う場所で録音するだけで変わるからね。レコーディングする場所を探して、録音したいスタジオを見つけて予約するとか？　お金はちょっとかかるかもしれないけど、そうやって気分を入れ替えるだけで、いつもの曲が変わったりするから。私も自分で歌を作ってるんだけど、いつもはiPhoneのボイスメモに録音してるだけなの、内蔵マイクだけで、一発どり。ま、それでもいいんだけど、そうやって、何十曲も作ってたんだけど、昨年、その中から曲をまとめて、『アポロン』というアルバムを作って流通させたけど、いい経験だったよ。バンドメンバーも自分で考えて、ピアノ、ベース、ドラムを入れて、私がギターと歌をやって。目黒にある青葉台スタジオって、コーネリアスが『ファンタズマ』っていうアルバムを録音したところなんだけど、ずっと気になってたから、そこを借りて。でも、むちゃくちゃ高いから、それはレコード会社に頼んでやってもらったんだけど、私の場合、迷いがないから一日で録音が終わるからって、借りてくれて、それで一日で九曲全部録音したの。それだけで、今まで作ってきた歌が変わったから」

本木「ああ」

坂口「日本だけでもいろいろ興味深いスタジオあるから調べてみたらいいよ。この前も山中湖のもともとソニーが使ってたけど、今は別の人が買い取ってて、安く借りれるスタジオを借りてみたよ。そういうところに行って、信頼できるミュージシャンを連れていってレコーディングしてみたら？　信頼できるミュージシャンとかいる？」

本木「えっと、いないですね」

坂口「いなかったら、ライブに行ってみたらいいよ。人のライブに、なんか気になったものを見に行ってみて、それで探すの。ああ、この人にベース弾いてもらいたいなあって。自分のバンドメンバーを探すと決めて、ライブを見に行くと、むちゃくちゃ面白いよ。プロデューサーはこの人にお願いしようって、自分の中のオールスターメンバーを、いくらかかるとか関係なく、まず決めてみるの。本当に面白いし、勉強になるし、今までとは全然違う観点で音楽が聴けるようになってくるから。しかも……」

本木「はい」

坂口「これ、実際に、実践しなくていいの」

本木「ああ！　はいはい」

坂口「一切実践せずに、企画書だけは綿密に書くってことをしたらいいよ」

本木「なるほど」

坂口「実践すると、疲れるから。あなたそこまでやるのは大変だと思ったでしょ」

本木「あ、はい」

坂口「でも企画書なら書けるでしょ？」

本木「そうですね、それならやれそうです」

坂口「さらに自分が思い描いていることを実践したら、いくらになるのかっていう見積書も出してもらっていいかな」
本木「なるほど」
坂口「というわけで、企画書と見積書を書いてもらってもいいですか？」
本木「ああ」
坂口「じゃ、一か月かけて、概要を書いてみて。そこからライブとか見ながら、サポートしてくれるミュージシャンをスカウトしていきたいので、半年くらいはかかるかな。いろんなライブを見に行って、新しい音楽を貪欲に取り込んでいったマイルス・デイビスみたいな動きをしてみて。そうやって完璧なアルバムをスタジオ録音して作り上げる！　と決めて、取り組んだら、生活自体が変わってくると思います。実践せずに企画書と見積書出すだけなら、お金もほとんどかからないし、やればやるほど勉強になるだけで、面白いと思うけど」
本木「やってみます」
坂口「頑張ってね」
本木「ありがとうございました」
坂口「それじゃ、これくらいでいいかな」
本木「はい」

（本木さんが退室する）

坂口「こんな仕事だったら永遠にできるかも……」

＊

本木さん

症状：新しい音楽アルバム制作中だが、少し煮詰まっている。

理由：今は新しく何かをつくるというよりも、推敲の段階に入っているから。

対策：自分で全て演奏するのではなく、ミュージシャンを集めてスタジオ録音盤をつくるイメージで、企画書と見積書を綿密に練ってみる。

▼企画書を書くという薬

躁鬱病の私は、激しい気分の浮き沈みが起きます。それこそ、毎日、目を覚ましてみないとわからないんです。だからこそ、日課がとても大事になってくるのです。調子がよくても悪くても、同じ作業をすることで、気分の上がり下がりで左右されないようにしようとしているわけですね。

たとえば、原稿を書くという日課で言えば、毎日一〇枚書くと決めている。調子がいいときはそれこそ五〇枚くらい書きたくなるんですけど、実際、以前はそうやって調子に合わせて無理な執筆をやっていました。そうすると、次の日は書けなくなってしまう。そこで、もっとたくさん書きたいと思っても、一〇枚で止めるようにしてみた。その代わり、調子が悪くてもどうにか一〇枚書いてみる。調子が悪くても、少し頑張ればできあがる分量が私の場合は原稿用紙一〇枚分のつまり四〇〇〇字というわけです。調子がいいときはなんとなく物足りなく感じたりするんだけど、そこはぐっと我慢して仕事を終わらせる。その日の調子で仕事をするという感覚ではなく、日課で培った力で書いているような感覚になってます。

どうやら、人には二種類の力があって、一つはその時その時の**気まぐれな力**で、その日の体調にかなり左右されます。そして、もう一つが毎日、生活を営む上で必要な**安定した力**です。日課を作ることで、この力を強めることができるわけです。もちろん、これははっきりした区分けがあるわけではなく、私の感覚に過ぎないんですけど。日課を続けていくと、どんどんこの安定した力をうまく使えるようになっていくような感じがあります。この安定した力は、消費量にムラがありませんし、続ければ続けるほど筋力が増していくように、以前は大変だったことがどんどん楽にできるようになっていきます。一方、気まぐれな力は、爆発力はありますが、やはりかなり消耗してしまいます。

気まぐれな力と安定した力は、別々の力でどうやら供給される場所も違うように感じます。つまり、安定した力を日課としてうまく放出しているからといって、気まぐれな力がそちらに吸収されていくというわけではないようです。

もちろん、これはすべて私の経験で、私だけに起きているのかもしれませんから、人によって違いはあるでしょうし、躁鬱病の私はこの気まぐれな力が非常に強く、安定した力がとても弱いんだと思います。安定した力を見つけ出して、それを使って書くという方法を見つけたのはとても良かったのですが、だからといって気まぐれな力が落ち着いたかというと、そうではないんです。やっぱり気まぐれな力も使われたがるんですよね。それは別腹という感じです。だからどんなに安定した力をうまく出せていたとしても、この気まぐれな力は使われていないようで、ひょんなことから飛び出てこようとします。安定すればするほど、体も気持ちも楽になってきますから、逆に出てきやすくなるんだと思います。

しかし、その力をそのまま制御もせずに放出していると、そちらは安定している力の方まで食い散らかしてしまいます。だからと言って、気まぐれな力を無視すると、今度は窮屈になって、気まぐれですから、建設的だった力が破壊的に変化したり、否定的になり一切力が出せなくなり、日課も続けることができなくなってしまったりするのです。

そんなわけで、私はこの気まぐれな力とも付き合っていかなくてはいけません。いや、それは一切悪いものではないんです。やはりそれもまた力ですから。しかも、とてつもなく大きな力です。日常的な感覚、日課的な感覚では思いもつかないような、常軌を逸した行動を起こさせようとします。どうにか平和的使用法を見つけ出す必要がありました。


そこで見つけ出したのが、ここでお伝えした「**企画書を書く**」という方法です。

力自体は放出してあげたい。しかし、その力のままに、振り回されてしまうと自分まで焼き焦がされてしまう。それでももうすでに何かを思いついてはいます。そして、いつでもその思いつきに従っていますぐ体を動かしたいほどうずうずしている。頭にはふと「どうせ明日には飽きてるかもしれない」と浮かんではいます。とにかく気まぐれなんです。思いついたまま行動し、周囲の人を巻き込み、お金も注ぎ込んだ翌日、何か魔法が切れたみたいにやる気をなくしたという経験を何度もしてます。

過去を振り返ればそんなことは繰り返さないはずなのですが、とにかく気まぐれですから「今度ばかりは、絶対にうまくいく。そして、未来永劫ずっと続けていくはずだ」なんて考えちゃってるんです。しかし、この力を「どうせ飽きるでしょ」と言って挫くと窮屈になってしまい、それはそれで意気消沈してしまいます。そうすると、日課の方にまで影響が出てくるので頭ごなしに否定するのもできません。そこで「徹底的に行動するんだけど、絶対に実行しない」という方法が必要となってきたのです。

企画書というものは、本来、何かを実行するためのものです。しかし、私が書くのは、**絶対に実行しないための企画書**です。はじめから実行しないと決めてたら、書く気にもならないのではないかと思われるかもしれませんが、あくまでも実行しないのは「私」なんです。その企画書が本当に優れたものならば、他の人が実行すればいい。プロデューサー、いやエグゼクティヴ・プロデューサーみたいなものです。

なんてことを言えば、気まぐれ力が発動中のノリにのった私も、ついつい嬉しくなってしまうのか、俄然やる気になります。ホドロフスキーという映画監督が映画化しようとしていた『DUNE』という作品ができるまでのドキュメンタリー『ホドロフスキーのDUNE』という映画があるのですが、これがまさに「実行され完成するはずだった、世界に類を見ないSF映画の最高傑作についての企画書」の話なんです。実際には完成しなかったその映画について語るホドロフスキーの目や顔、全身の輝いていること!

これこそ実現していないからこそ起きる力です。かつ、それは誰かがもしも奇跡的にお金を出してくれたら実現しちゃうという前提がとても重要です……と私は思ってます。そうすることで、ちゃんとこの気まぐれな力も使うことができるんです。企画書ですから、もしも飽きたら、その場で止めたらいいだけです。人も巻き込んでませんし（ホドロフスキーは完全に巻き込んでましたが）、企画書ですからお金も使ってません。

でもただの妄想ではないんです。ちゃんと文字にする、どうすれば形になるかを徹底的に考え抜く、こういったことが企画書を書くとできるんですね。そして残ります。いつか実行されるかもしれません（もちろん違う誰かが）。私の場合ですと、これまで書いてきたあらゆる著作がこの企画書にあたると言えるかもしれません。私にとっては、企画書を書くという行為自体が、これまた自分を助ける薬になっているというわけです。

この方法は、とにかく誰にも迷惑をかけない、黙ってやってたら勘違い野郎だとも思われない、お金も使わない、それなのに可能性だけは無限大というとんでもない薬です。どうにでも応用できることだと思います。

ぜひみなさんも気まぐれな力が発動した時はやってみてください。

（七人目）前野春華（まえの・はるか）21歳

坂口「どうされました？」

前野「なんか、いつも辛いんですけど、それで」
坂口「いつも辛い？　いつから？」
前野「あの、一年前くらいから」
坂口「ちょっと待って、二年前は全然辛くなかった？」
前野「なんか、どんどん、どんどん、子供の時から今にかけて辛くなってる」
坂口「ちょっとずつ坂道を下ってる？」
前野「そうなんです」
坂口「じゃあ、毎日、今が一番辛いってことね、それはきついね」
前野「それで紛らわそうと思って、ゲームを買ったんですけど」
坂口「何買ったの？　ゲームは。ニンテンドースイッチ？」
前野「DSですね。それでゲームに夢中になれば紛らわせるかと思ったんですけど、結局、自分でゲームで遊んだらダメだって言ってしまって」
坂口「なるほど。なんか好きなことある？」
前野「歌ったりするのが……」
坂口「歌ったりするのが好きなんだ！　今は歌わないの？　きついときは歌えないの？」

前野「それもネガティヴになってしまって、下手くそだとか、歌わない方がいいとか
自分で言っちゃうんですよ」
坂口「なるほど。でも歌うのは好きなんだ？」
前野「はい」
坂口「何を歌うの？」
前野「自分で作った曲を」
坂口「持ち曲あるんだ！」
前野「ちょっとだけあります」
坂口「何曲くらいあるの？」
前野「二曲」
坂口「二曲もある！　あなた貯金ある？」
前野「あります」
坂口「どれくらいある？」
前野「ウン十万くらいあります」
坂口「レコードプレイヤーって持ってる？」
前野「聞きたいけど、持ってません」

坂口「7インチレコードってわかる？」
前野「えっと」
坂口「小さくてドーナツ盤って呼ばれてね、表と裏で一曲ずつ入ってるやつ」
前野「ああ」
坂口「シングル盤ってことね。ちょうど持ち曲二曲あるし、作ってみたら？」
前野「ああ」
坂口「面白くない？」
前野「気になります」
坂口「これ、やってみましょう！」
前野「はい」
坂口「じゃあ、7インチレコードを作って、一人で勝手にデビューしてみましょう！

誰からも認められてないかもしれないけど、先回りして、レコード作っといて、先にデビューしてみましょう。もしかしたら天才かもしれないんだから。もちろん、もしかしたら、天才でもなんでもない普通の歌が好きな人かもしれないんだけど、**大事なことは、はじめから本気でやること**なんですよ。

先日、ギターを作る職人のところに話を聞きに行ったんだけど、その時に『私も杉板でギターを作ろうと思って……』って言ったら、職人から怒られたの。ギターを作りたいなら、はじめから、スプルースというドイツ松かメイプルを使えって、最高級のバイオリンで使っている材料と同じものを買いなさいって言われたの。材料がちゃんとしてないとダメって、むしろ、それを使うとギター作れるようになるからって。その態度が重要なんだよね」

前野「はい」

坂口「つまり、えっと、下手だろうが、うまかろうが、状況として本格的にセッティングしていくってのはとても大事なモチベーションだから。あと下手かもしれないって思ってしまうことに関してはほっといていいよ。それは『**大事な自己否定**』だから。自己肯定することが善みたいなところがあるけど、作ることに関してはまったく必要ないから。むしろ自己否定の方が大事なの。作る時は。作る上で肯定することってなんの役にも立たないからね。作る上では否定して『こうじゃない』と思うことが大事だから。

だから歌声には厳しく。でも**あなた自身には厳しくしない**でね。そこを切り替える必要があるかもね。歌声には厳しく、もっと良くするにはどうすればいいかを真剣に考える。ただあなた自身に対しては決して攻撃をせず、大事にして、うまく歌声に自己否定させるために、はっぱをかける。こんな感じでどうでしょうか？」
前野「はい、わかりました」
坂口「これね、まず7インチレコードの見積もりと、どうやったらレコーディングできるのか、曲はその、あなたが作曲してるわけ？」
前野「あ、はい」
坂口「だから、どういったピアノの伴奏をつけるかとか、ピアノだけでいいんじゃない？　ピアノの弾き語りで。ピアノできる？」
前野「ちょっとだけ」
坂口「それでいいじゃん。自分でピアノで伴奏をつけてみよう。そういう場合でも、ベースとドラムのサポートミュージシャンを完璧に揃えることによって、素晴らしいアンサンブルができるよ。これをちょっとイメージしてみよっか。ぜひ、自分が好きな音楽家のアルバムを聞いてみて。そして、ベースが誰なのか、ドラムが誰なのかって、そうやってサポートミュージシャンをチェックしながら聞いてみて。
　じゃあ、7インチレコードの見積もりが上がってきたら、私に連絡してくれるかな。あなた、なんだかできるかも！　直感だけど。なんとなく、アルバムのジャケットもその格好でいいよ。もう見えてる見えてる。7インチレコード自体もレコード屋に行って、買わなくていいから、見るだけ見といて。それで自分でジャケットのデザインもしてみよう。あなたできるよ。写真を切り貼りコラージュして、携帯で撮った写真をプリントアウトして、カラーコピーして、あなたのニコニコした写真で、その格好で、背景がピンクじゃないかな。なんか鮮明なイメージが見えますね。一〇〇点！　いやあ、これはすごいですね」

前野「やってみまーす」

（前野さんが退室）

坂口「病院の先生って、これをやってるのかあ。みなさん、これやばくないですか？みんなも何をやってるのか見られて。で、これで薬だけ処方するって、どう考えてもありえなくないですか？　普通に考えたら、こうやったらいいんじゃないってヒントとか、アドバイスとかあげるだけでなんとかなりそうだもんね。やればやるほどそう思える。でも鬱って伝えるだけで、じゃあ抗うつ剤出しときましょうになっちゃってるからねえ。お医者さんになる前に、こうやって、お医者になるってことは大事かもですね。はい、次行きましょう」

＊

前野さん
症状：いつも辛い。でも歌うのは好き。
理由：歌に向かうべき自己否定が、自分自身に向かいすぎてる。
対策：自分は放っといて、二曲ある持ち曲をレコードにするために企画書を書いてみましょう。

▼「否定する力」の使い方

私は大学生の頃、デイヴィッド・ホックニーという画家の画集の中で見つけた彼の「自分に深刻になるな、作品に真剣になれ」（これは僕の記憶なので正確ではないかもしれないのですが）という言葉に助けられました。ついつい自分がダメだと言ってしまう人が多いですが、というか、もしかしたらそれだけなのではないかとも思うのですが、とにかく人と比べて、自分がダメだと思うのは、国民性なのか他の国は違うのかわかりませんが、いのっちの電話に相談してくる人もみんなそうです。

みんなそう思ってるんだから、そのことをみんなが知ったら、打ち消しあってみんなそんなことないんだと気付きそうな気もしますが、私自身もうつ状態になっている時はやっぱりそうなってしまいます。むしろそういう時は、自分の否定に向かいすぎていて、作品の否定には向かわないんですよね。何をやっても無駄だ、みたいなことは私もよく言うのですが、鬱じゃない時はそうは思わないわけです。そういう時、今でもふとホックニーの言葉を思い出します。**作品の否定はどんどんすればいいと思うんですよね。**それはすなわち「次を作るってこと」ですから。

「いやあ、こんなんじゃダメだなあ、さ、次作ろ」

私の経験では、この行動の流れになった方がむちゃくちゃ気が楽です。私が何か作った方がいいのではないかと思うのは、それが理由でもあります。

作ったもののせいにどんどんしていこうということです。否定する力もなかなか消えないじゃないですか。それならどんどん下手でもいいから作って、その作ったものに対して、否定的になる、もっともっと！　って。作品に対して否定的になって、それで作品が良くなるなら、自分に対して否定的になってもいいじゃないか、むしろそれをやるべきじゃないかって思いませんか。ついそう思いますよね。

で、私の中の結論なんですけど、作ったものに対しても、自分に対しても、否定的になったところで、その質は変わりません。そういう問題ではないみたいです。そんな鞭を打って変わるようなもんじゃありません。そんなことで他の人も変わるはずはありません。だから作品も変わるはずはありません。もちろん自分も変わるはずがありません。だから、やるだけ無駄です。確かにそうです。でも、ついついやってしまうことを、またやっちゃだめだと言ったところで、自分はなかなか変わりません。と、このような繰り返しが始まります。そんなこと繰り返していいことはありません。

だから、否定する力もこの際、それは変わらないからですが、止めるのを諦めましょう。でも、それを自分に言うと、きついじゃないですか。そこはどんどん楽していきましょう。楽なんかしてけしからん、みたいになると思いますが、その気持ちもこの際、消さなくて大丈夫です。その代わり、それを作る方にぶつけてみてください。もちろん作るものの質は変わりません。質が変化するのは、唯一量だけです。つまり、次を作ることだけ。自分は作り変えることはできませんが、作品はどんどん作り変えることはできます。新しいものもどんどん作れます。あれがダメならこれを作ることができる。もしかしたら、いつか質も変化するかもしれません。

これは否定が止まらない人に朗報なはずです。否定するという自分が一番嫌いなところを何一つ変えることなく、生活していくことができるんですから。

別に芸術家になろうなんて言おうとしているわけではありません。決して思ってません。ただその消えることのない否定する力の有効活用だけです。

そっちの方が気が楽になるからです。

どうせ変わらないのに、それでも文句を言い続けるわけのわからない私たちが、それでも生活を営んでいくには、おそらく「何かを作る」しか薬はありません。否定の強い人ほど、さらに次を作ることでしょう。それで一体なんになる？　とは聞かないでください（笑）。

自分を反省し、否定する攻撃が極まったものが自殺です。それを避けるための作品作りです。それで金を稼いだり、承認を得ようなんて、虫がよすぎるんじゃないかといつも私は思います。もちろん、それでどうにか金を稼いでみようと思うのはとてもいいことだと思いますよ。でも、私の行動のベースにはいつも、この死なないための方法、という考えがあります。だからうまくいかなくても、生きてるんなら、作ることがうまく機能しているわけです。

（八人目）棚藤恵太（たなふじ・けいた）26歳

坂口「どうされましたか？」

棚藤「私もインプットが苦手で」

坂口「インプットが苦手？　で、私が思うに、インプットが苦手って欠点でも問題でもないんだよね。ということはわかってきたでしょ。さっきまでの話を聞いてたら？」

棚藤「でもなんかすごい、坂口さんだって、村上春樹さんの話をしたり、手塚治虫さんの話をしたりしてるじゃないですか。だからそれはインプットされてるってことなんだと思います」

坂口「そこは上手にね。でもたいてい、適当に話してるんだけど、それでもね、最近村上さんの『ねじまき鳥クロニクル』を読んでみたら、なんと読めて、久しぶりに小説が読めてるんだけど、もしかしたら、最近、インプットができるようになって、インプットし始めてるってことかもしれない。確かに」

棚藤「あ、そうですね」

坂口「好きなものはあるの？　ない？」

棚藤「映画とか演劇とか、好きなものはあるんですよ」
坂口「あるんじゃん。じゃあ、好きな映画教えて」
棚藤「『シング・ストリート』とか」
坂口「知らないよ、それ」
棚藤「ジョン・カーニーっていう監督の作品で」
坂口「ジョン・カーニー？　知らないその人、なんか話聞いてたら、無茶気になってきた。それでインプットができないって、もう違うでしょ」
棚藤「好きなやつは観れるんですよ。でもそれ以外がまったく頭に入らなくて……寝ちゃうんですよ」
坂口「それ普通なんじゃないの？」
棚藤「そうなんですかね？」
坂口「みんなもたぶん、いま、聞きながら、ジョン・カーニーって知らないし、なんか気になるってなってると思うよ。みんな、人の悩み、相談を聞けば聞くほど、自分が異常でもなんでもないってことに気づいていってると思うんですけど。面白いね。で、好きな音楽は？」
棚藤「最近、何聴いても、全然入ってこないなあって」

坂口「最近とか置いといて、好きな音楽は？」
棚藤「高橋優とか」
坂口「高橋優？　全然知らない。気になる気になる。どんな人なの？」
棚藤「シンガーソングライター」
坂口「最近の人？」
棚藤「そうですね」
坂口「好きなアルバムは？」
棚藤「初期の頃の作品ですね。名前とかは出てこないんで、記憶は曖昧なんですけど」
坂口「へえ、気になる。なるほど。それで、好きな本は？　……もうすぐ、俺、張り手で殴ろうと思ってるんだけど（笑）」
棚藤「マジですか？」
坂口「全然問題ないやん！　えー。これ相談したことないの？　インプットがなかなかできないって」
棚藤「相談する人がいないんですよ」
坂口「やばいよ、相談しようよ。どうしたどうした。君の好きな本もむちゃくちゃ知りたいよ今、教えてくれ」

棚藤「俵万智さんの歌集ですね」

坂口「ええー。読んだことない。面白いんだ！　『サラダ記念日』じゃなくて好きな歌集があるの？」

棚藤「そうですね。『チョコレート革命』とか」

坂口「それ好きなんだ？　えっとすみませんけど、処方のしようがないです。それでもやるとすれば、ジョン・カーニーと高橋優と俵万智を同時に追求している人っていないと思うから、映画とか音楽とか本とかそういうジャンルを取っ払って、ジョン・カーニー・高橋優・俵万智だけ調べてみて、ジャンルで分断させないで、すぐ人はある似た要素を集めて集合を作って、普通は他と分断させちゃうけど、あなたはそうしないで『ジョン・カーニー・高橋優・俵万智曼茶羅』を作ってみて。曼茶羅を描いてみて。映画とか音楽とかどうでもいいから。もう概念を作っちゃって。なかぐろも抜いてあなたは『ジョンカーニー高橋優俵万智曼茶羅』というのを作ってみて。それを夏休みの自由研究とかで使うようなおおきな模造紙あるでしょ、ああいう大きな紙に描いてみて」

棚藤「曼茶羅を描くんですね」

坂口「そういうことですよ。ちょっと興味持ててないかな？」

棚藤「曼荼羅がなんなのかがわかってないですね」
坂口「曼荼羅がなんなのかってことが気になってきた？」
棚藤「気になってきましたね」
坂口「それだったら、河出文庫から出てる南方熊楠コレクションのうちの一冊に『南方マンダラ』という本があるんだけど、その本文は明治時代の人の書簡だから読みにくいけど、本文の前に中沢新一さんが書いた『解題　南方マンダラ』という文章が載ってるからそれを読んでみて、それが無茶面白い」
棚藤「ほう、そうなんですか」
坂口「その解題だけを読みながら、『ジョンカーニー高橋優俵万智曼荼羅』を制作してもらってもいいかな」
棚藤「はい」
坂口「つまり、これって批評ってことなんだよね」
棚藤「ああ」
坂口「あなたは研究と批評をやろうとしているってことなんだと思うよ」
棚藤「はい」
坂口「だからって、そのまま批評家になれってことじゃなくて、一回、南方マンダラ読んでみて。そして、自分の曼荼羅も作ってみて、熊楠が考えていたことは本当に興味深いし、今の私たちが生きている、生きながら考えていることときっとリンクしてくるから。インプットできないと言ってたけど、それは興味がなかったからで、今、少し興味が出てきたんでしょ。曼荼羅とは何かってことに」

棚藤「はい、そうなんです」

坂口「インプットできるかもよ。私みたいに」

棚藤「そうですね」

坂口「じゃあやってみて。あなたは一〇〇点。できたら、すぐに送ってね。はい、では次の人」

＊

棚藤さん

症状：インプットができない。

理由：興味がないから。現に興味があるものはインプットできてる（ジョン・カーニー、高橋優、俵万智）。

対策：興味があることだけを区分せず一緒くたにして批評してみましょう。

▼相談してみる

ほんとに当たり前のことを言いますけど、多くの悩みごとといいますか、それぞれの人が抱えていると思っていること、それは相談したらいいんですよ。

解決するかはわかりませんが、そもそも解決することでもなんでもないということに気づくと思います。私がいのっちの電話をしていて、感じるのはいつもそういうことです。でもそれがあまりにも当たり前のことだと思われていて、逆に誰も口にできていないのかもしれません。

そんなこと自分で解決しろとおっしゃる人もいるかもしれませんが、そうではないんです。彼もそうでしたが、**口にすることで**、**それは悩み相談ではなくなる**んです。むしろ私は好奇心が発動しました。そして、自分の知らない芸術について興味深いインスピレーションも与えられました。今では私は誰にも相談できないことこそ、聞きたいです。

それは悩みというよりも、その人の特徴です。私自身もインプットが苦手だと思ってました。そしてそのことをうまく口にすることができませんでした。ところが、それを周囲の人に口にしたところ少しずつ変化していったのです。

いろんなところでよく書いているのですが、私の『現実宿り』という小説は、それこそ、まったく何も浮かばない、もう何もできない、なぜなら頭の中が空っぽで、まるで砂漠みたいだからだと友人に伝えたのですが、するとその友人に「頭の中が砂漠ってどういう状態なのか私は全然思いつかないから、ぜひ書いてみて教えてほしい」と言われたことからはじまってます。

インプットが苦手だということも、ずっと自分の嫌なところだと思っていたのですが、それを口にしたところ「インプットが苦手ってよりも、こちらから見てると、何かに接すると、いろんな角度からたくさん刺激を受けているように見えるから当然なんじゃない？」と言われて、なるほどと思いました。本が読めないと思っていたのですが、本を読んでいるとどんどん自分で書きたくなるから、読んでる場合じゃなくなるってことも友人に言われてハッと気づいたのです。それこそ、私がずっと困っていた鬱で苦しんでいることも、この時期があるから新しいことが生まれている、と気づかされたのは、友人に相談してからです。

とにかく人に言えないほど悩んではいたのですが、口にしてみると、あれれと拍子抜けると同時に、むしろそれがきっかけとなって自分の作品につながっているんだと思えるようになっていったんですね。それからというもの、私は自分が感じてる、なんとも口に出しにくいけど、実は一番気になっていることは、積極的に口にするようになりました。今ではそういうことだけ口にするようになったと言っても過言ではありません。そういうことだけを書こうとしてます。そういう感覚だけを頼りに作品を作ってます。もちろん才能溢れる作家たちを眺めると、全然そんなふうじゃない自分を見て落ち込む時もあります。でもそれはたいていは体調が悪いときです。疲れているとき。それでもやっぱりしばらく落ち込んだ後には、自分が感じている、この口にできない何かを、できるだけ言葉にしたり、形にしてみたいと思って、次を作ろうと試みるようになりました。

親しい信頼できる人に自分のそういう部分を相談するということと、何かを作ることはどこか似ています。相談できる人はできるだけ口にしてみましょう。もちろん、言う人は慎重に。悲しいかな頭ごなしに否定する人には通じません。口にすることは作品を作ることに似ていると考えてみましょう。作品についてまず悪く言う人にはできるだけ近づかない方がいいです。もちろん、建設的に良くしていくための批評は受ける必要はあるかもしれません。私自身はそれすら必要ないと思ってしまってますが。

だって悪いところなんか誰にだってどこにでも見つけることができますよ。作るって行為は別に正解するためにやるわけじゃないし、意味のためにやるものでもありません。自分の中にあるほとんど口にすることのできない、良いか悪いか関係ない、でも、まだ外に出ていないような言語にもなっていないような微かな感覚が表に出るってことです。

だから、それが少しでも、他者の感覚を揺さぶったり、インスピレーションを湧き上がらせたりすることができたら、それでいいわけで、文句を言われても一切耳に入れる必要はないんです。何かそこから受け取ったらどんどん取り入れて自分の活動に活かせばいい、そんなものが何もなければ無視してればいい。

それを口にしてあれこれ言ってくる人には、付き合う必要はないんですが、でも、それを気にする人は、揉め事が嫌いな平和を望む人でもありますから、余計に気にして、さらに近寄って行ってしまう習性があると思います。私もそういうところがあるから注意しつつ、まずは、それはいいね！　とどんどん取り入れてくれる人を探して伝える。いなければ、私に電話する。もしくは、作るってことです。**作るってことは、ただ自分の作品を作るだけでなく、そういう他者を自分で作り出すってこと**でもあるわけです。

（九人目）谷澤一弘（やざわ・かずひろ）68歳

坂口「どうされましたか？」

谷澤「えっと演劇が好きで、見たいんですけど、見れなくてつらいですね」
坂口「結構きつい感じですか？」
谷澤「そうですね。収入がなくて、仕事がうまくいかなくて、だからお金のことばっかり考えてしまって、演劇のことが考えられないという」
坂口「チケット代が払えないから見れない？」
谷澤「お金が払えないからじゃなくて、お金のことばっかり考えているから、演劇のことが考えられないんですね。お金もないし」
坂口「お金がないってことはどういう状態ですか？　借金がある？」
谷澤「借金はないんですけど」
坂口「収入がない？」
谷澤「はい、収入がないですね。でも、去年からちょっとずつ持ち直してはきてるんですけど」
坂口「へー、仕事は何を？　自営ですか？」
谷澤「そうですね、自営です」
坂口「生活保護はもらってないですか？」
谷澤「もらってないです。どんどん貯金がなくなっていくというパターンに陥ってますね」

坂口「貯金が一〇万円切ったら、早めに役所に言って申請しときましょう。早めにその話しといた方が楽なんですよね。みんな、普段税金納めてるんだし、困った時はちゃんと生活保護貰えばいいっかくらいに考えておいた方がいいと思うんですよね。そうしないと、生活保護もらえるのに、なんだかそれだと落ちぶれた感じがするとか印象だけで、我慢して、それでお金がなくなって絶望して、もう人生終わりだって電話がよく私のところにかかってくるんですよね。もうちょっと楽に考えたいですよね。これまで頑張ったんだから。ほんわか考えましょう。三年くらいは生活保護もらいながら生活してもいいっか、と楽に考えて、それで生活費をちょっと切り詰めて、演劇を見ることに明け暮れてもいいんじゃないですかね。それで生活保護もらいながら演劇に明け暮れた観劇ノートとか書いたら、そのまま本になりそうじゃないですか。ま、すぐ生活保護もらわなくてもいいと思うんですけど、そういうことも考えられるってことは頭に入れておいてもいいかもしませんね」

谷澤「そうですね」

坂口「だから、それはね、所持金ゼロになってからじゃ遅いんですよ。役所は金をすぐ貸してくれるわけでも、申請した日にもらえるわけでもなくて、審査とかがあるから早くても二週間くらいはかかるんですよ。だから所持金一〇万円切ったら、申請をしましょうね」

谷澤「そうですね。でも、今回はまあ持ち越せそうなんです」

坂口「いけそう!?」

谷澤「いけそうですけれども」

坂口「じゃあそれは大丈夫だ」

谷澤「そうなんですよ。だからこそ、このワークショップにも参加できてるんです。この診察にも来れてるんです」

坂口「そりゃそうだ」

谷澤「まあ、とにかく私が、お金のことばっかり、ビジネスのことばっかり考えちゃって、こんなことしてていいんかなあって思うんです」

坂口「どんなビジネスをやってるんですか?」

谷澤「まあ、システム開発みたいなことを」

坂口「ほー、エンジニアってことですか?」

谷澤「エンジニアって名乗れるほど技術はないんですけど、とはいえ……」

坂口「一人でやってる？」

谷澤「一人でやってるし、どこか別の会社で働くこととか考えられないんですよ」

坂口「なるほど」

谷澤「この年ですから、就職先もないし、自分でやるしかなくて、そんなわけでここ三年くらい、ずっと一人でもがいているんですよ」

坂口「なるほど」

谷澤「だからお金や仕事のことばっかり考えて、好きなこともやらないで、過ごしているんですよね」

坂口「ほう」

谷澤「それだから、自分の周りにいる人が仕事関係の人ばっかりになっちゃって、なんていうんですかね、面白くないなあって思って。人種が違うんですよね。システム設計みたいなものばっかり考えてる人ばかりで、それはそれで……」

坂口「それはそれで面白いんじゃないですか？」

谷澤「そうですね、それ自体は楽しいんですよ。でも同時にこんなことばっかりやってていいのかなあって考えちゃうんですよね」

坂口「そっかあ。読書は好きですか？」

谷澤「読書？　好きですよ」
坂口「何が好きですか？」
谷澤「小説だと、浅田次郎とか（笑）」
坂口「へええ。浅田次郎さん新作出ましたよね？」
谷澤「最近の作品は読んでないんですけどね……」
坂口「本当ですか、ぜひ読んでくださいよ。私の友達が編集してるので。じゃ処方箋を書きますね。ちょっと待ってください。でも、もう出てきてますよね」
谷澤「はいはい」
坂口「演劇が見たいんですもんね？」
谷澤「そうですね。でも私は演劇だけじゃなくてダンスも好きです」
坂口「ダンス？」
谷澤「はいはい」
坂口「でも、やる方じゃないですよね？」
谷澤「あ、そうですね、自分はダンサーだと思ってます」
坂口「……？　思ってるんですか？」
谷澤「はい。思ってます」

坂口「……ちょっと待ってもらってもいいですか」
（他の患者が爆笑する）
坂口「それって、仕事の同僚見つけることできます？」
谷澤「はい？」
坂口「あなたのダンスカンパニーの」
谷澤「いやいや、カンパニーはやらないですよ」
坂口「いやいや、これは妄想ですから」
谷澤「妄想？」
坂口「はい」
谷澤「へえ」
坂口「カチカチカチカチ（キーボードを叩く仕草をする）みたいな」
谷澤「あああ……」
坂口「ちょっとカンパニー妄想でもしませんか？」
谷澤「……」
坂口「実際に作らなくていいですよ。とにかく妄想するんですよ。しかも、今の状況のまま、何も変えないで。それでもダンスカンパニーってもしかしてできるんじゃないか、そもそもこの会社というところで、働いていること自体がダンスなんじゃないかと、好き勝手に妄想を広げまして、自分の都合のいいように判断し続けて、それで、自分でダンスの脚本を書いて、それでまわりで仕事のことばかり考えて、キーボードを叩きまくっている同僚の人たちを、カンパニーのダンサーと見なして、彼らの振り付けをイメージしたり、もうすでに行なっている動きから脚本のインスピレーションを得たり、とか。もちろん、本当に立ち上げないでいいんですよ。脚本は完璧に書き上げて、舞台をイメージして、その見取り図、配置図、大道具まではちゃんとすべて書き上げて、それで、なんにもしない。**実践はしないんです。面倒臭いですから。**なんせお金がかかりますから。みんな、実現しようとするから、ああ、って緊張したりするじゃないですか。必死にバイトしてお金をためたり。そんなことしなくていいんですよ。ただひたすら妄想で、ダンスカンパニーを作る。脚本も完成させる、舞台装置も図面まで引いちゃう、いつでも上演できるところまで持っていく。そして、何もしない。金もかからない。緊張もしない。自信もなくならない。でもいつでもできるんだって、ワクワクは発生する。というわけで、カンパニー妄想どうですか？」

谷澤「はい。いいです。やります」
坂口「はい、じゃあ、あなたは『カンパニー妄想』でお願いします」
谷澤「はい」
坂口「じゃ、カンパニー妄想を一か月処方しますので、一か月後にまた診せてもらってもいいですか？」
谷澤「はい」
坂口「まずはドラフト、初稿でいいんで。完成稿じゃなくていいです」
谷澤「やってみます。どうやって見せたらいいですか？」
坂口「メールにしましょうかね。メールアドレス書いておくので、こちらに送ってください」
谷澤「はい」
坂口「では、楽しみにしておきます。では次の人行ってみましょう。いいですね。カンパニー妄想。私もしたくなってきました」

＊

谷澤さん
症状：演劇が好きなのに、最近まったく観れてないので辛い。
理由：お金がない。
対策：いっそのこと演劇を見るんじゃなくて、自分で作ってみる。ダンスが好きということで、ダンスカンパニーを作ってみる。ただし妄想で。

▼将来の夢は今すぐ叶えてみる

彼に伝えた方法も、基本的には企画書を書くということだと思うのですが、この場合は企画書を書くのではなく、実践を促してます。

これも私がよくやる方法です。どうするのかというと、将来の夢を今すぐ叶えてみるんです。そんなことできるわけないでしょと思われるかもしれませんが、実はやり方もむちゃくちゃ簡単で、かつ日常生活が一変し、しかもお金もかからない、人にも迷惑をかけないという大変オススメできる方法なのでぜひ試してみてください。

この方法は企画書を書く必要がありません。むしろそういうものは、自分がまだ実現していないということが形にあらわれてしまうので逆効果です。そうではなく、**完全に思い**

込むんです。つまり、今の私の状態ですね。

今、私は医者です。医者になることが最近の私の将来の夢だったんです。だからといって、私は医師の試験を受けるために、大学受験をしようとは思いません。試験というもの自体をどうも体が受け付けません。建築家を名乗ってますが、建築士の免許も持ってません。あ、そうでした。つまり、建築家も僕は自称です。画家もやってますが自称ですし、作家なんかそもそも自称です。だから夢を諦めるという概念がありません。挫折が存在しません。なので、すぐ落ち込む方には大変有効だと思います。

私もすぐに落ち込むので、とにかく比較されたり、試験で判断されたり、審査されたりとかが極端に苦手です。でも自分なりの方法でやるととても心地よく、私の勘違いかもしれませんがパフォーマンス自体も良くなると感じてます。というわけで、夢は努力していつか叶えるみたいに必死にならずに、今すぐ叶えてみる、今すぐその夢の姿になってみる。それでこそ真剣にやれるってもんです。しかも、飽きたら、すぐ看板外せるようにしておいた方がいいです。とにかくなんでも窮屈さが、苦しみを勝手に生み出しますから。やりたくない時にはやらないでいられると風通しが良くなって、もうなんでもやってあげたくなってきます。愉快です。

というわけで、私の場合は今回、医者になってみました。大事なことは、私が医者になるのはこのワークショップだけだということです。終われば、私は医者ではありません。「あー楽しかった!」で終わりなのです。明日もやらなくちゃいけない、となるともうダメなんです。もちろんこれは私の場合なんですが。これが仕事みたいになると、すぐ嫌になってしまうんです。遊びでやるのが一番。だから、多大な責任が必要な仕事は向いてません。外科手術なんかはとてもじゃないができません。そこは免許を持ったプロに任せましょう。何も全部やれなくてもいいんです。適当にちょこちょこと、でもそれで夢が叶うなら、やりたいと思いませんか?

やり方は簡単です。まず、なりたい夢を持つ。夢なんてないんですよ、とかまた本気でいう方がいるのですが、夢は夢ですから、お願いですから適当に考えてください。ないなら、勝手に捏造してみてください。誰にも迷惑かけませんから大丈夫です。そして自分にも深刻になりすぎずに、本当に思いつきで、ふっと心にわいたことでいいんです。私はそれがたまたま医者だった。医者になりたい、とまずは思う。そして……それだけなんです。それで終わり。でも、医者と思って行動する。

その時に決めておくのは一つだけ。それは「**自分の環境を一切変えない**」ということです。医者になったからといって、白衣を着ない、病院を建設しない、注射をしない、カルテを書かない、聴診器を使わない、患者を診ないようにするんです。そのかわりに普段通りの生活をします。私はそれでもともと決まっていたこのワークショップに来ましたし、内容は決めていませんでしたが、今日は医者なので、医者のように動きます。あなたたちもお客さんとしてきてくれただけで患者ではありません。でも、演劇ですので、と伝えて患者っぽくやってもらってます。皆さんは演技をしてくれてますが、実は私は演技ではありません。私は真剣に医者として働いているんです。もちろん、これは私の世界でのことですので、お金は一切もらってません。ワークショップの参加料はかかってますが、診察料は追加でいただきません。

私がやっているいのっちの電話という電話相談もそうです。マザー・テレサとかナイチンゲールとかお坊さんとかになりたい夢があったんですね。いつでも誰でも駆け込んで来れる場所を作って、話に耳を傾けるような人になりたいと思って。でも自分の環境を変えない、お金をかけない、ですから、まず場所は、電話の声だけで作り上げることにしました。あとは電話番号を公開しました。電話番号を公開したのはちょっとやりすぎだったかもしれませんが、お金を払って場所を作ることを考えたら、全然環境の変化なしだと判断しました。そして、電話を受け取る時はマザー・テレサやナイチンゲールや空海さんになって聞いてます。

そうやって私はすぐに夢を叶えます。

彼の場合もダンスカンパニーを作ればいいんです。おそらく演劇を観たいんじゃなく、演劇を作りたいダンスを作りたいから、その熱意が鑑賞につながっていたと思うんですけど、今はそうじゃなくてアウトプットに向かってるわけです。かといって突然ダンスカンパニーを作ろうなんて考えると、面倒くさいと思うじゃないですか。でも、面倒くさくない方法があるんです。それがこのやり方です。

目の前の環境を変えずにいると決めることで、何をしようとしているかというと、何か夢を叶えようとすると、すぐ日常生活に戻ると、自分のどうしようもなさに落ち込むなんてことがよくあるわけですね。自分の中で夢ですから、何かすごい妄想をしているわけです。で、その理想と現実のギャップにどんどんやる気を失っていく。やる気を失わないためにはどうすればいいかというと、足し算引き算ができれば簡単です。**マイナスを減らせばいいんです**。もしくはプラスを多くしないか。いや、いっそのこと、どちらも同じ数であれば、マイナスになりません。

ということで、理想＝現実というありえないはずの生活を送るようにするんです。現実を変えるのは難しいですが、理想はいくらでも変更ができます。ということで、この理想の姿を創造的に変更してみましょう。そうすることで、彼は自分が動いている一つ一つがすべてダンスと捉えることになる。会社の同僚がすべてカンパニーの仲間であるということになる。会社の仕事場が舞台です。そうすることで、創造性が自動的に引き出されます。

なぜならそんなことをやっている人は彼一人しかいないからです。自然とオリジナルな状態ができあがっちゃうんです。

これ、おすすめですから皆さんも今すぐ夢を叶えましょう。

（一〇人目）赤井功二（あかい・こうじ）31歳

坂口「はい！　赤井さんはどうされました？」

赤井「えー、こういうところで、今まさに、喋れるんだろうかと考えてしまいまして……。他の人はいろいろ喋れてるのに、私には何にも喋ることがなくて」

坂口「どんなことでもこっちは拾えるから大丈夫だよ、なんでも言えば」

赤井「自分の意見みたいなものがなくてですね」

坂口「自分の意見はなくていいよ」

赤井「あー！　はいはい」
坂口「人の意見だけを聞き入れて生きてみたら？」
赤井「なるほど」
坂口「でも、けなす人とは付き合わないでいてみて、一切」
赤井「ウンウン」
坂口「けなす人と付き合わない。速攻離れてね」
赤井「はい」
坂口「で、今のこの私みたいな、赤井功二のいいところに気づける人、そんな人を五人探したいね」
赤井「五？」
坂口「うん。できる？　スターファイブを探したいね。いる？」
赤井「今のところ三人いますね」
坂口「おっ、いる？」
赤井「二、三人？　いますね」
坂口「私以外に三人いる？」
赤井「はい、そうですね」

坂口「じゃ、私足して四人？」
赤井「そうですね」
坂口「じゃ、もう、あと一人だ。『赤井功二』という存在を作って、赤井功二にも助けてもらおう。それで五人！」
赤井「……はい」
坂口「それでもう！」
赤井「……はい」
（患者の一人が、吹き出し笑い）
坂口「もうそれだけなんだけど。もう十分でしょ？　それがドラゴンボールみたいなもんだから」
赤井「あ、そうなんですか」
坂口「五人揃ったから、なんでも願いが叶うよ」
赤井「あ！」
坂口「なんでも叶うよ。どうする？」
赤井「はあ」
坂口「願いある？」

赤井「願い？」
坂口「神龍《シェンロン》出てくるよ、もうすぐ。どうする？」
赤井「……」
（私は低い声を出す）
坂口「私がシェンロンだ。さあ願いを言え。どんな願いも一つだけ叶えてあげよう……」
赤井「……世界を自分の思い通りにしたい……気がします」
坂口「それが赤井功二が思ってることなの？」
赤井「はい」
坂口「面白すぎるよ。シェンロンだから、それが叶うよ。はい、世界はお前の思い通りになる。それで何をしようとしてるの？」
赤井「世界が間違ってるから」
坂口「間違ってる？　何か世界に対して、間違ってると思ってることがあるってことね。何が間違ってる？」
赤井「うーん、そうですね。あの、最近では献血のポスターが間違ってるなと」
坂口「twitter とかで炎上してたあれか」

赤井「はい。なんかおかしいなと思って」
坂口「それに対して……どうしようか？　どうしたい？」
赤井「ああ……」
坂口「君は世界が自分の思い通りになるんだから、献血のポスターを来月までに一つ案を持ってきてくれる？」
赤井「あ、はい」
坂口「あなたが考え出した、間違ってない献血のポスターを作り上げて、それを献血の会社に持って行こうよ。あれ、日本赤十字だっけ？　綿密な計画を立ててやってみよう。そのままただ持っていっただけじゃ、勘違い野郎が来た、と思われてすぐ門前払いされちゃうから。あなたが変えてあげないと。かつ、いま、炎上して、電凸食らって、日本赤十字の人たちはおそらく疲弊しているから、その人たちを助けてあげよう。たとえ勘違い野郎だと思われても」
赤井「わかりました」
坂口「まずそこから始めよう」
赤井「はい」
坂口「それは、もう政治家の仕事だよ。赤井くん、**君はつまり政治家だよ**」

赤井「あ！　はあ」
坂口「私が今、医者であるように……」
赤井「はい」
坂口「だから、世の中で間違っていると思っていることにだけ集中するのが、政治家であっていいと思う。他の人はそんなことにばっかり気を配ってられないから。ずっと怒ってられない。しかし、政治家であるあなたは怒っていいし、行動していいと思う。政治家なんだから。しかも、あなたは内実共に変革したいと思ってる。献血ポスターを誰かに描かせるんじゃなくて、献血ポスターも自ら描いてみる。もちろん、実際にイラストレーターの人に手伝ってもらってもいいと思う。自分で描きたかったら描いてみる。間違いのない、これだ！　とみんなが思えるポスターを考え出してほしい」
赤井「はい」
坂口「ということで、こんなところでいいかな？」
赤井「はい」
坂口「東京3区、赤井功二！」
赤井「はい！」

坂口「出馬の勢いを持って、でも出馬しないでね！　そんなふうにけなされるところに行かないこと。人から判断される場所にもいなくていい。そんなことしなくても間違っていることを全部手直しできるから。シェンロンにお願いして、もう叶ったんだから、どんどん自分でやって行こう」

赤井「(笑)」

坂口「『いのっちの電話』もそうやってやってるのよ。自殺対策関連予算が七〇〇億円出てるのに、政府はほとんどそれを使わずに利権ばっかり。どうしようもないけど、それでも私は私で間違ってない方法でやるしかない。それでしかないから。ということで、まずは間違いのない献血ポスターを作ってみよう。試してみよう。これが政治家〇歳としての行動。で、ちょっとずつ歳を重ねて行こう。それで二〇歳くらいになったら、気づいたら、選挙もしたことないのに、俺、政治家になっちゃった、って言えるから」

赤井「オッケーっす」

坂口「じゃ、一か月後に献血ポスターの案を出して、メールして」

赤井「わかりました！」

坂口「……なんでみんなこんなにすごいのかな。なんかこれから面白い行動がどんどん起きそうな予感がしてきた。ね、素晴らしいね。じゃ、赤井さん頑張って」

赤井「あ、はい」

（待合室で笑いが溢れる）

＊

赤井さん

症状：自分には喋ることが何もない。

理由：世の中に間違っていることが横行しているのを変えたいと思っていたけど、もしかしたらそれを口にするのをためらっていたのかもしれません。

対策：具体的に間違っていると感じたことを見つけて（彼の場合は献血ポスター）、文句を言うのではなく、実際に変えたいと思っているのだから、代替案を作ってみましょう。

▼職業の枠を取っ払っていく

彼の場合も「将来の夢を今すぐ叶える」方法でいいと思うんです。というわけで献血ポスターの代替案を考えてみることになるのですが、そうすると、政治家と一言で言っても、口だけで間違ってると伝えるだけじゃ物足りなくなってくる。どういうデザインであれば、間違ってないどころか、より多くの献血を提供してもらえるかというところまで思考は広がっていくわけです。献血について調べる必要もあるし、どの血液が足りないのか、年齢ごとで何か違うのか、そんなことを図書館で調べたり、実際に取材に行ってもいいと思います。さらにどういう図案であれば、うまく伝わっていくのか、そこまで自分でやってみようと思えば、デザインの勉強をしてもいいですし、この人にお願いしたいと思う人を探す調査に乗り出しても興味深い。

そうなってくると、献血だけじゃなくて、ポスターってなんだろうって、どのようなポスターがこれまで作られてきたのかなんてところまでどんどん広がっていきます。そうすると、これ政治家の仕事の枠をはみ出してるなあと感じるはずです。そうなんです。今ある職業という枠はカチコチしてて、窮屈なんです。悩んでいる人って、よく「うまく仕事ができない」と口にするのですが、本当にそうなのでしょうか。そうではなく、現実にある職業が窮屈すぎて、息苦しくなっているという場合もあるように私には思えます。

将来の夢を今すぐ叶える方法は、このようにちゃちゃっと適当に自分がなってみたい職業になってみることによって、どの辺に息苦しさを感じるのか、それはつまり、自分自身はどのように拡散しているのか、その広がりを確認することができるはずです。

彼の場合で言うと、世の中で間違っていると感じたものをよりよくしたい、それは政治的な行動ではありますが、同時にデザイン、情報伝達、医療など多方向に広がる予感を持っています。そうすることで、自分なりの方法を見出しやすくなるのではないでしょうか。

夢を叶えた後に確認することはそこです。自分がなりたいと思っていた職業から、いかにずれているか、それこそがあなたの仕事に変貌していく可能性を秘めているはずですから。

（一一人目）加藤依理子（かとう・えりこ）26歳

坂口「はい、どうぞ」
加藤「人との距離感が難しいなと思ってまして」
坂口「どういうこと、近くなっちゃう？」

加藤「近いというか」

坂口「距離感がどんななの？」

加藤「すごい大切な人だと思っちゃうと、近くなりすぎちゃって、なんか言いたいことと言いすぎちゃったりとか、心配になって色々お世話しちゃったりするんですよ」

坂口「素敵なお節介ってやつかな。私がいつも妹から言われるやつ。いいじゃない。それで文句言われたことがあるの？」

加藤「それで傷つけちゃってるんじゃないかと思って」

坂口「傷つけられたって文句を言われたことはある？」

加藤「言われたことはないけど、小学生の時も、中学生の時も、高校の時も、ああ、毎回これを繰り返しちゃってるなっては思うんですよね。一回一回ダメだとは思うんですけど」

坂口「うーん。躁鬱とは診断されてない？」

加藤「躁鬱とは言われたことはないんですけど、中学生の時に自律神経失調症って診断されたことはあります」

坂口「なるほど。ま、おそらく、私ともちょっと近いところもあるのかもしれないですけど、他人と自分の区別というか、境界線がない、ノーボーダーなのかもね。で、ま、他の人は、他の人っていうのはホモ・サピエンスたちって意味で、その人たちはすごいそういう境界線がない人に対して警戒します。うちらはホモ・サピエンスじゃないと自覚を持って、ホモ・サピエンスを助けようとするしかない」

加藤「ほー」

坂口「ま、これは私の勝手な推測ですよ」

加藤「はい」

坂口「うちらは抽象度が高すぎて、自他の区別がないんですよね」

加藤「あー」

坂口「ホモ・サピエンスたちはそれだと抽象的すぎるから、だんだん自我みたいなものが芽生えて、防衛するようになってく。そこからは入ってこないで、という線がある」

加藤「あー、はいはい。そうですね」

坂口「でも、私は今すぐあなたとお風呂はいれちゃう」

加藤「あー」

坂口「ほんと、そういう区別がない、そういうことじゃないから、困ってることあるならなんでもやるからって、ついつい近づいちゃう」

加藤「そうですよね」

坂口「それでどんどん近づいちゃって、よく人から『恭平さん、近いっす！』って言われちゃう」

加藤「そうなんですよね」

坂口「うちらに必要なのは、**人の言葉を勝手に予測しないこと**」

加藤「あー」

坂口「こういうこと言ってるんじゃないか、思ってるんじゃないかってことを、特異な能力でもって、そのひとがここ一週間くらい感じ、考えていたことをすべて想像できちゃうようなところがあるから……」

加藤「あ、そうですね」

坂口「それやりすぎちゃうと、大変だし、疲れちゃうし、人間関係がうまくいかない、とか妄想しちゃうので」

加藤「はい」

坂口「まず、あなたがホモ・サピエンスではない、ということを自覚してください。

それで、人が感じてることを全部受信してしまうので、人が『言ってない』ことは、えー、……『言ってない』ことは『言ってない』ことにしましょう」

加藤「ははは」

(待合室からも笑いがこぼれる)

坂口「わかりますか？　みなさんは無茶苦茶簡単なことかもしれないですけど！　ホモ・サピエンスにとっては簡単なことなんですけど、そうじゃない人にとってはなかなか難しいことなんですよ。**他人が言ってないことは、他人は何も言ってない**」

加藤「はあー」

坂口「その練習をしていきたいので……」

加藤「ほんとそうなんですよ。ついそれも考えちゃうんです」

坂口「つまり、言われたことだけに、対処しましょう」

加藤「はい」

坂口「言われてないところまでは、自分をできるだけ否定しないように」

看護師「先生、そろそろです」

坂口「言われたことだけに集中しましょうか」

加藤「はい」

坂口「それで、ちょっと近いんですけど、と言われた時だけ、少し離れて、それでも離れて話せばいいんですから、離れて話しましょう。それでこの人は自分を嫌っているんだ、ってところまで行かないように」

加藤「汲み取らないようにってことですね」

坂口「そうそう。『汲み取らない練習』をしたい」

加藤「あー、難しいですね」

坂口「で、言われたことだけ反応する」

加藤「あー」

坂口「もちろん、慣れない間は気を使うかもしれないけど、でもそれも能力だからね。気を使うということすらも、ホモ・サピエンスではないあなたにとっては大事な能力。だから気はむちゃくちゃ使えばいいと思うんですよ。自分から発することだけは全開にすればいいんじゃないかな。気を使って、優しさを振りまいて、心配もして、お節介はほどほどくらいがちょうどいいと思うけど、ついついやっちゃうものは全部やっちゃえばいい。で、言われたことに対しては言われた通りの言葉をそのまま受け取る」

加藤「あー、わかりました」
坂口「だから、あなたが嫌い、って言われない限りは、向こうはあなたに対して、嫌いとは思ってないんだから、一緒にいていいんじゃないかな」
加藤「ふふふ。はい。なるほど」
坂口「それ以外にないよね。何にも問題なさそうだけどね。むしろ、それ、能力だから、花開きそうですけどね。何してるの？」
加藤「役者です」
坂口「役者ですか！　なおさらその能力は使った方がいいし、たぶんその能力を使ってるんだろうね。役者って、というのは、私は役者ではないけど、でもたぶん人生においては役者として動いているつもりだけど、私はほとんどミメーシスっていうの？　模倣するっていうか、他者をじーっと見て、すぐ同化して、その人そのものになって、動いてたりするからね。私も同じ能力があるんだと思う。他人と同じ体になる。『いのっちの電話』とかもそうなんだよね。人の問題と思わない、思えない、だから一生懸命考える。人のいいところも悪いところも全部取り込んじゃう。だから、役者には向いてると思うけど」
加藤「はい」

坂口「大活躍するとしか思えない」

加藤「そうですかね」

坂口「特に問題が見当たらないけど。問題あるの？」

加藤「問題ですか？　なんだろ……悩みは多いですけど」

坂口「ないと思うけど」

加藤「え、本当ですか、いや、結構……」

坂口「私が日課、しおりを作って、毎日同じような生活をしているのは、ホモ・サピエンス的に生きるということをしようと思ったからなのね」

加藤「あー」

坂口「だから、朝早く起きて……って。でも、ホモ・サピエンスと違って、やっぱり、早起きしちゃうのよね。ホモ・サピエンスが起きてくる前に、こちらは気を使って、先に世界を観察して、危険なところはないかとか、湧き水を見つけとこうとか、ね。だから早起きしちゃう。今、朝四時に、時には四時前くらいに起きちゃうもんね。それで観察するの。もうあなたもそれやったら？　あなたの処方箋は『早寝早起き』」

（みんな笑う）

坂口「あと何の問題もないんだよね。だからあなたは夜九時に寝てもらいます」
加藤「早いです（笑）」
坂口「早い？　何時くらいに仕事終わるの？」
加藤「遅い時は遅いです」
坂口「ホモ・サピエンスに合わせるわけね。じゃ、仕事がない日、早く終わった日からはじめてみましょう。九時五時で」
加藤「九時五時……」
坂口「九時五時で、起きたら、セリフ覚えましょうか」
加藤「あー」
坂口「本当は四時おきにしたいけど、そうするとね、普段の仕事の能力の三倍くらいは高まるよ。朝イチで仕事すると。私たちはそういう種族なのよ」
加藤「わかりました」
坂口「問題がないです。一〇〇点。あなたは早寝早起き、夜九時に寝て朝五時に起きてセリフを覚えていたら、人生花マル」

＊

加藤さん

症状：人との距離感の取り方が難しい。

理由：自他の境界が緩く、すぐ相手に共感してしまうため、ちょっと会っただけでもいろんな刺激を取り入れてしまっているのかもしれません。

対策：他人の気持ちを汲み取りすぎないようにしていきたいですね。他人が言ってないことは他人は何も言ってないと合言葉に。人に会うことも大事ですが、同時に自閉することもとても大事です。疲れたなと思ったら、さっとお家に帰って、誰とも会わずにヤドカリ状態で、しばらくゆっくりさせて身を守っていきましょう。

▼気持ちを深く汲み取れるのは特殊能力

私はここで彼女に対して「ホモ・サピエンスではない」という伝え方をしていますが、こういう方は——もちろん、私は研究者ではないので、この論はおかしいとは思いますが——実際にたくさんいらっしゃいます。感じすぎるんですね。多くの人は仕方ないと思いますけど、やっぱりある程度鈍感な世界に生きているわけです。そうでないと狂ってしまいますから、集団行動するときにある程度鈍感にするんですね、無意識に。そうやって、社会を成立させている。

でも、鈍感になれない人がいるわけですよ。繊細で、全部受信してしまう。そういう人は必ず会社などに入ってしまうと疲れてしまいますし、会社に入っていなくても、家族や友人といるときですら、疲れてしまいます。

私自身がそうだからってことかもしれません。私が会社などで一切働けないのもそういう理由があると思います。自分としてはそれを欠点だとはまったく感じていないので、それで自分の仕事ができてよかったと思うことの方が多い毎日ですが、多くの人は悩んでいるように見えます。「いのっちの電話」の相談としても結構多いです。

言われてないことは「言われてない」ことにとどめておくこと。

これはなかなか自分一人ですぐにはできません。私は言われてないことを言われたかもしれないと思った時の相談員を一人の友達だけにやってもらってます。その人にだけは伝えるんです。自分が本当に感じていることを。あの人にこう言ったら、こんな顔をされて、その顔を見て、ここまで感じたってことを。

その人はそれを聞いても笑いません。その人も優しい人ですから、そこまで汲み取らないよ、って言ってくれるわけです。そうやって初めて、自分で汲み取りすぎていたことがわかるというくらい、私も感じてしまいます。そういう人が皆さんも見つかるといいですね。誰もいなかったらすぐ私に電話してください。その人の代わりに少しはなると思います。

相手の気持ちを深く汲み取るってことは特殊能力です。あなた固有のものであり、しかもあなただけではなく、ある一定数いると思います。彼らは言われていないこともすべて言われていることと同等に感じ取ることができます。感じ取ってしまう、と思っている人がほとんどですが、それはやはり能力です。やりすぎると、もちろん疲れます。だから、私もそこから離れるためにリラックスする必要があります。私はどんな時もマッサージをしてくれるという稀有な人を見つけました。その人は「いのっちの電話」に感銘を受けてくれて、それで「いいよ、いつでもマッサージしてあげるよ、疲れてできなくなるといけないから」と言ってくれました。

でも、さすがにそういう人はなかなかいませんので、あなたも周辺の人に、ご家族でも友人でもマッサージ屋でも湧き水が飲めるところでも風景が綺麗なところでもいいです。ちゃんと充電できるポイントを見つけておきましょう。感じ取る分、余計に自衛・自閉をするバランスが重要です。

会社で人間関係に困っている人の相談も多いですが、多くの人が、こちらを向いてヒソヒソ話しているとか、目線が嫌っているような気がする、とか、全部むちゃくちゃ汲み取って感じているんですね。**気がする、という感覚。**もちろん、これは気がするんですから、実際に気はしてるんです。でも、その気がしたら、それがそのまま事実だと思ってしまうので、傷ついてしまうわけですね。

気がする、のはたしか。しかし、それが他人が実際に思っていることとは違うということを、理解する必要があると思います。それには誰かにそう感じていることを一度、吐き出す必要があると思います。気がするんだから、もちろんそうかもしれないんですけど、実際にその気持ちが当たっていることも多いんですけど、でも、それでも、実は違う可能性もゼロではないということが頭に入るようになってくるといいですね。他人のことは永遠にわからないんです。

何度も言いますが、この相手の気持ちを「汲み取る」ことは能力でもあります。

私が「いのっちの電話」で活用しているのがこの能力です。つまり、本来は人に優しくするときに活用されていた能力だと思ってます。それが悪循環を引き起こすと、人間関係がうまくいかないと悩むことになるんですね。

汲み取ることを否定的なことではなく、楽しいこと、人の長所を汲み取るとか、人にこうしたら嬉しいと思うんじゃないかと汲み取るとか、優しいことに使おうと心がけるといいですね。優しさが活用できる場所を自分に提供してあげるとうまくいくでしょう。老人介護施設でマッサージしてあげるとか、家の近所を掃除道具を持って丁寧に掃除するとか、友人に何か手伝うことあったら言ってねと一声かけるとか、仕事場で疲れてそうな人にお茶を淹れてあげるとか。活用できる場所は無限大にあると思いますよ。

私自身も汲み取りやすい体質だと思ってます。だからこそ、いのっちの電話みたいな仕事ができているんだと思ってるのですが、つまりそれは適切に使えば能力なんですが、やはり入ってくる情報量が多いんですね。だから、私はいのっちの電話だけやってます。声だけであれば、情報量が限定されてますから、制御しやすいんですね。実際に人に会うと、声だけでなくて、目や手の動きや、内心考えていることなんかをどんどん自然と読みとってしまって、すぐに疲れてしまいます。

そうやって疲れているときはどうするか？　それには自閉をうまく利用しましょう。自閉というと、家に閉じこもって、誰とも会わないってことですから、悪く言われてますが、汲み取りやすい人にとってはとても有益な方法だと思います。疲れたら、私は人と会う用事が入っていても、疲れていることを伝えて、その日に会うことはキャンセルさせてもらって延期するか、断れない場合でも三〇分くらい会ってすぐに帰らせてもらいます。さらに仕事も締め切りを遅らせられるものはすべて遅らせてもらって、三日くらい一人で誰とも会わずに、自分のペースで、活動します。

そうすると、少しずつ体が楽になっていきます。疲れてもいつもと同じようにして、人に会っているとすぐに鬱になってしまうんです。この**自閉という方法**は意外とみんな気づいていないので、ぜひ試してみてください。文句を言うような人に対しては、疲れていなくても、どんどん自閉した方がいいです。汲み取りやすい人は、だからこそなのか、ついつい人のところに近づいていって、文句も取り入れてしまいがちですので。

（一二人目）井村敬和（いむら・のりかず）23歳

看護師「先生、休憩しなくて大丈夫ですか？」

坂口「全然大丈夫っぽいです。次、行きましょう。井村さーん」

井村「はい」
坂口「どうされました？　見たところ問題はなさそうだけど」
井村「いやあ、けっこう人間関係で、気まずくなっちゃったりするんですけど……」
坂口「何もしてないのに？」
井村「何もしてないっていうか、私がすごいこう、人見知りだっていうのがあって、
　かなり激しい方だと思うんですけど」
坂口「それで気まずくなっていくと……」
井村「そうですね」
坂口「その相手って、失いたくない人？」
井村「失いたくない人っていうよりも、うまく付き合っていきたいって思うような人
　たちで」
坂口「その人、必要？」
井村「うーん……」
坂口「自分が仕事をしていく上で必要？」
井村「そうですね」
坂口「それが原因かも？　その人必要ないんじゃないかな。いや、わからないんだけ

ど、みんな同じこと言うんだよね。私、発達障害でー、とか、人間関係がうまくいかなくてーとか、その人と付き合いたいの？　って聞くと、いや、その人と付き合いたくはないって言うわけ」

井村「あー」

坂口「で、仕事がうまくいかないって言うけど、そのやってる仕事って好きなの？　って聞くと、いやー、やりたくはないですねって言うの。だから仕事がうまくいかないのも、そこでの人間関係がうまくいかないのも、当然だと思うわけ。やりたくないんだから、好きでもないから関係も築けるわけがないでしょ。だからうまくいっていないのに、うまくいってない理由が、その環境にあるとは言わずに、自分に障害があるとか、性格に問題があるとか言っちゃう」

井村「あー」

坂口「だから気まずくなっちゃう人とは、そもそも良好な人間関係を築きたいと思ってないでしょ？」

井村「あー」

坂口「だから問題は何もないってことなんじゃないかな。今、私と話してるけど、これ気まずいの？」

井村「気まずくないですね」
坂口「だから、あなたがそれなりに興味を持って、今日ここにきてくれたわけだけど、そうやって関心がある人とは普通に喋れるし、気まずくないんだから、それでいいんじゃないの？　気まずくなる人とは、なるのは仕方ないし、なっても自分にダメだって言わないで、ま、興味ないんだから、当たり前かって思えばいいと思うんだけど」
井村「そうですね。今、話してて、なんも気まずくないし、話しやすいです」
坂口「気の合う人とだけ喋ったら？　あとは気まずくなっても気にせずにいる。気の合う人いる？　いつでも電話かけれたり、相談できる人、友達いる？　友達いないんだったら、私が今ここで友達になるけど、気まずくなってないんだから、大丈夫そうでしょ？　どう？　いる？」
井村「気が許せる友達はいて……」
坂口「いるんじゃゃん、何人くらい？」
井村「えっと、三人いて」
坂口「いるじゃん！　その友達以外付き合わなくていいんじゃないの？」
井村「そうなんですけど、できれば……」

坂口「仕事何してるの？」
井村「役者の仕事してるんですけど」
坂口「役者？　今日は役者の人が多いですね。たとえばどんな状況があるの？」
井村「たとえば、現場で会う人たちとか、たとえばこのプロデューサーに気に入られないと、仕事ができない、演じることは好きだけど、それだけじゃうまくいかなくて、飲み会とかそういう演じることとは関係がなさそうなことにも参加しとかないと、仕事ができないんですよ」
坂口「**嫌いなことを、一か月でいいから一回もやらない**でいてみたら？」
井村「嫌いなことを……」
坂口「まずパーティーに出席しない。もちろん役者の現場で、演じているとき以外は、それなりに世間話も必要かもしれないけど、それはそこそこやっといて、でも、仕事が終わった後に、みんなで飲みにいくぞーと言われても、ちょっと今日は疲れているんで、早く帰らせてもらいます、とか言ってすぐ帰る。ちょっとそれをやってみようよ。嫌なことやっても、自分が喋れないとか言って落ち込むなら、仕事を取るために飲み会に参加しても、それで自分の自信失ってたら逆効果になってそうだから、一回、嫌いなことはちゃんと断って、自分が苦手なことはしないと決めて行動してみたらどうかな。他の人もすぐ、そういう人なんだって理解してくれると思うけどね」

井村「はい」

坂口「うん。それをちょっとやるだけでいいんじゃないかな。私も喋れないけどね。人ともうちょっとうまく付き合えるようになったり、パーティーで一回しか会ったことがない人と別のところで顔を合わせた時に、ちょっと世間話ができるようになれたりとかまったくできないよ」

井村「あ、ほんとですか……」

坂口「うん。そして、もはや、それができなくて、まっすぐ家に帰ったとしても、誰からも変な目で見られないという状況にまで、持ってきたよ」

井村「そうなんですか（笑）」

坂口「どんな打ち上げにも参加しなくてもいいという環境を作った」

井村「どうやってですか？」

坂口「仕事の時はいいんですけど、打ち上げとかで仕事じゃないのに、いろんな人と話したり、飲んだり食べたりするのが苦手で、でも食べたり飲んだりするのは二人とか三人とかでやるのは好きで、だから家に帰って、ゆっくりそうします、って口で言った。はじめはたしかに、そんなこと言わずに飲もうよとか強引に誘ってくる人もいたけど、今じゃ誰もが、そうですよね、夜九時に寝るんですもんね、って理解してくれてる。ちゃんとやり続けたら、環境って変えられるよ。どうせそっちの方が自分には楽なんだし、今のところそれで仕事が減ったことは一度もないよ。気づいてないだけかもしれないけど」

井村「へえ」

坂口「しかも、今回のこのワークショップの仕事だって、体調がどうかわからなくて、もしかしたら、悪くなってキャンセルするかもしれないから、お断りしますと伝えたら、体調が悪化したら、休んでいいから、元気だったらやってほしいって言われて、そういう条件でやらせてもらってるよ。もちろん、役者の場合は、急にすべてをキャンセルするってことができるのかわからないし、さすがに本番はどんな状態でも出なきゃいけないかもしれないけど、でも、それ以外は参加しないでも関係ないでしょ。本番の舞台に出さえすれば。しかも、ちゃんと自分の考え、自分の環境を整えるために、ちゃんと方法を知っている人は興味深いと思われると思うけど」

井村「言った方がいい」

坂口「と思うよ。言う練習してみたらいいよ。でもね、言えない人もいるからね。でも私がいるからね。私がAIみたいにあなたの横にくっついているから、打ち上げとか飲み会の局面になったら、電話したらいいよ。なんて言えばいいか教えてあげるから。そうやってヘッドフォンで指示するってことをよくやってるよ。まず言ってみようよ。言えなかったら、私を使う。そうやって、自分が気持ちいい環境っていうものを作ってみることから始めてみようか」

井村「はい」

看護師「先生、そろそろ時間です」

坂口「はい。じゃ、あなたはだいたいできるね」

井村「はい」

坂口「でも、みんなそういうこと、自分の問題だと思ってるでしょ？　そして、大問題だと思ってると思う。でも、ホワイトボード、じゃなくて、壁の向こうで、聞いてる人からすると『えっ、悩みってそれだけ？』って感じると思うんですよ。そうなっちゃう。不思議なもので。人の話だと思って聞いた途端に、えっそんなことで悩んでるの？　ってなる。って思ったでしょ？　他の人の悩みを聞いてて」

井村「そうですね（笑）」

（待合室からも静かな笑い）

坂口「そうなの。それでだんだんと『あれ、自分も悩んでるんだっけ』ってことになっちゃう。でもこのちょっとした対話の時間がなさすぎて、一人でぐるぐるしちゃって、それでうわーってなって、死にたいっていうことになっちゃう。だからこうやって、みんなで人の悩みに耳を傾けるってことは大事かもね。他の人はどういうことで悩んでいるのかって聞く。これって実はほとんど誰もやったことがない。「いのっちの電話」をやってても、そう。聞いてるのは私だけで、他の人は誰も他の人がどうやって死にたいと思っているのかまったく知らない。そんな話、テレビにも映らない。生の声で聞こえてくることがない。

でも、私はずっと聞いてるから知ってるわけ。**ほとんどの人が同じようなことを抱えていて、しかも抱えているのは自分だけだと思い込んでる**ってこと。だからこうやって、みんなで悩みを聞いてたら、笑えるんじゃないかと思って、この病院のシステム、薄くて、穴が空いてる壁だから、みんなが聞けちゃうシステムをやってみたの。意外と面白いでしょ？

あなたも一〇〇点。役者の能力はありそうだから、さらに自分の思うように、打ち上げや飲み会を断って、仕事の現場でだけ人とは付き合って、他の時間は友達と楽な気分で楽しく過ごして、嫌なことは一切しないでまずは生活してみましょう！」

＊

井村さん

症状：人間関係がうまくいかない。すぐ気まずくなってしまう。

理由：その相手にあんまり興味がないから。でも仕事だと思って飲み会なども断れないだけ。

対策：はじめは大変かもしれないが断る練習をしてみる。これも自閉の方法。もし飲み会に行ったとしても、何時になったら帰ると決めておいて、その時間になったら「とても満足したので、帰ります。みなさんありがとうございました」と言って帰るのを繰り返していたら、そういう人だと認識される。

▼やりたくないことをしない

この方の場合は、人間関係がうまくいかない、ではなくて、やりたくないことをしてしまう、から体の調子がおかしくなっていたようです。別に私と話しているかぎりではなんの問題も感じませんでした。みなさんもそう思っていることでしょう。でも本人は人間関係がうまくいかないと感じています。「いのっちの電話」をしていると、こういう局面が本当に多いです。**とにかく皆さん「やりたくないこと」をやりすぎているんですね、**おそらく。

しかも、それで自分が困っていることに気づいていません。やりたくないと思っていることをしている時に楽しいはずはありません。そんな場所で出会った人と、なかなか踏み込んだ話ができるはずがありません。全体的に心の中では退屈だなと思ってしまっているはずです。だから、楽しいはずはないし、人との付き合いも遠慮がちになります。だから、人間関係がうまくいかないのではなく、そもそもそこで気持ちのいい人間関係を築こうなどとは少しも考えていない可能性の方が大きいです。

人間関係がうまくいかない、と言っている人の多くが、はっきり言いますと、ほぼ全員が、やりたくないことをやっています。やりたくないことをやるくらいなら、家で一人でこもって、ゆっくりしていた方が体は落ち着くのに、なぜかその人たちは、どんな人たちとでも人間関係をうまくするのが、普通の人間ってものだ、と勘違いしているのか、必死にその輪にもなっていない、人間の塊の中に突撃しようとします。

当然のように砕け散ります。これは当然の結果です。少しも疑いの余地はありません。うまくいかないところに出向いて、ただちゃんとうまくいかなかったというだけのことです。つまり、ほぼ一〇〇パーセントうまくいきません。

人間関係というものは、常に同じではありません。だって、彼も私と話している時は楽しそうに、リラックスして話せていたんです。それを伝えると、みんな「それは恭平さんだからですよ」と言います。つまり、こういうことです。**人によって変わる**わけです。あなたと不特定多数の人間との関係の問題ではないんです。だから、あなたが一人落ち込む必要はない。あなたにも心を許して話せる人がいるはずです。その人とはきっと疲れもせず、心地いい人間関係が築けているはずです。誰もいない人ですら、私と話す時は楽しそうに話すんですから。人間関係が問題ではないんです。

つまり、やりたくないことをしていることが、辛いってことです。

それをやめてみましょう。別に一生の仕事を見つける、みたいに、絵に描いたような「やりたいこと」をする必要なんかありません。そんなものが見つかっている人は幸せに生きていけるでしょうが、そんなものを見つけて生きている人に私はなかなかお会いしたことがありません。私自身やりたいことをやっているのかどうかわかりません。ただ、私は「やりたくないこと」を徹底して排除してます。

やりたくないことをしない。

やっていることはそれだけです。

私は、打ち上げが好きじゃありません。疲れるからです。ただでさえ人前で話して歌って疲れているのです。そのあと関係者たちと何か話してももう何も出てきません。労いの言葉を貰えば、それで満足です。お疲れ様でしたと言って、一人で家に帰って、ゆっくり一人でハイボールを作って飲めばもう幸福です。余韻を楽しむのが好きなんです。

それから、知らない人に会うことが好きじゃありません。だから、本を読んでくれた方で会いたいというメールや電話を送ってくる方がいるのですが、丁寧にお断りさせてもらってます。あとは依頼が好きじゃありません。何日までにこの仕事をしてくれと言われると、どうしても味気のなさを感じてしまい、それでその人の都合で動かないといけなくなるので、わがままだとは思いますが、依頼は基本的に信頼している人以外はお断りさせてもらってます。私は内側からただ自分が書いてみたいと思うことだけを書いてみたいんです。

あと、人の気配がすると疲れるので、朝書いています。邪魔されることが好きじゃありません。別に書斎の家を借りる必要はないんです。早朝であれば、たいていの人は寝坊助ですから、朝の四時に起きて邪魔してくる人はいません。

「いのっちの電話」に関してもそうです。私は直接人に会うことが好きじゃありません。だから声だけにさせてもらってます。声だけであれば、体に関して無関心でいられます。そうすると、私の体が楽なんです。おかげで八年も「いのっちの電話」が続いてます。電話で声だけ聞いて人を助けるのはよだれが出るほど好きなんです。

このように私がやっていることは、実はやりたいことをやっている、のではなくて、やりたくないことを一切しない、ということなんです。おかげでストレスが一切ありません。それは当然です。やりたくないことをしていないのですから。人に文句もありません。なぜなら気持ちの余裕があるからです。自分のことをまず丁寧に守る。自分がやりたくないことであれば、考えるのは簡単です。だって嫌なんですから。

夢を抱くのは私も苦手です。夢を叶えるために努力するのも苦手です。できるだけ楽して、楽しく、適当に生きていたい。人にも関心をそんなに持たずに、できるだけ一人でいたい、もちろんそのままでいると寂しい時もありますが、人に会うのは三〇分間でいい。そのまま飲みに行く、ということが苦手なので、一切しません。

私が普段酒を飲む人は一人だけです。かずちゃんという女性です。かずちゃんはとても気配りのできる人で、一緒にいて疲れたことがありません。文句を言われたことがありません。いつも「いのっちの電話」もやって本も書いて、すごいです、と尊敬してくれてます。そして、鬱になったのを察知すると、すぐに個室のあるお好み焼き屋を予約してくれて、家に引きこもりすぎないようにと私を外に出してくれます。そして、ずっと褒めてくれます。そんな人と飲みたくない人はいないと思います。そんな自慢の人です。だからその人とは三か月に一度くらい飲みます。あとは飲みません。

男ですから、強引に誘われることもあるんです。でも、そこはきっぱり笑顔で断り、さっと家に帰ります。方法は簡単です。夜九時に寝る人であることを周知させただけです。それで誰も帰るなと言う人はいません。いや、もともとそんな人は誰もいなかったわけです。なんとなく帰るタイミングがわからないだけでした。最近では満足した瞬間に「満足したので帰ります」と言って、すぐ席を立ちます。席を立って、その場から離れるととても気が楽になります。

家にいるのが好きです。外にいると落ち着きません。そして、そんな自分をダメだなと思うことも、今ではまったくしなくなりました。心地いいことだけをすると、文句もなく怒りもなく、人に優しくできるようになります。なんだか新興宗教の教祖がいうようなことですが、方法は簡単です。

やりたくないことをすべてしないでいる。

ただそれだけのこと。そんな宗教なら入っても問題ないでしょう（笑）。

人はすぐ他人に興味を持ちます。本当に興味を持ってくれているのか、忠告したいだけなのか、悩むところですが、ついつい人は人に突っ込んでしまいます。色々あるのでしょう。自分と違うところをいいなと思って、その反対につい文句を言ってしまうとか、ただイライラしていたりとか、狭い世界で自分が一番だと思っている人が他の人を威圧したり、社会ではいろんな人間関係があるようですが——もちろんこれは私の意見ですが——どれもが、不要です。

そういう人と関わらないようにする、ということを選ぶと、結論は人とできるだけ関わらないようにする、遠くにいる、その代わり、こちらはその人たちを優しい心で見守る、ということになります。なぜなら私は安全安心な場所にいますから、それができるわけです。

これはかなり極端な考え方に思われる方もいるかもしれません。「なんと言っても人が大事だろう」と。私はあんまりそう思っていません。私が心地いいのは、私に文句を言わずに、時々会って話すと褒めてくれて、基本的に無関心な人です。あんまりこちらの世界に入ってこようとしない人。そういう人は私にとってとてつもなく大事なので、大切にします。今、付き合っている人は基本的にみんなそんなタイプの人です。こちらから連絡しない限り、連絡してこない人。でも、ちょっと体調が悪いかもと察知したら声をかけてくれる人。こちらから連絡すると、いつもリラックスして心地よく聞いてくれる人。でも、基本的に会わなくてもいいと思ってくれてる人。繋がっているよね、とか、無駄なことを言わない人。そういう人がいるだけで、私はホッとします。寂しくもありません。基本は一人でいたいんです。

そして、一人でいることができて、ホッとしてます。

皆さんもそうやってちゃんと一人で一人を味わってみるのはどうでしょうか。知り合いは一人いれば十分です。興味ない人と酒を飲むなんて、私からしたら、交通事故に自ら進んで遭いに行っているようなものに見えます。でも、人と仲良くするのが当たり前だという社会では私は少数派でしょう。でもそう思われても平気なのです。なぜならおかげで平静を保てて、私自身リラックスできているからです。

むしろ、私には人は他人に興味なんかほとんどないのに、それをやろうとしなくちゃいけない、流行を追わなくちゃいけない、ニュースは見なくちゃいけない、と思い込みすぎているから、疲れてるんじゃないか。そう思えます。飲み会には参加しなくちゃいけない。

町内会には参加しなくちゃいけない。子供の運動会には参加しなくちゃいけない。会社ではみんなと仲良くしなくちゃいけないと思い込みすぎているんじゃないか。

興味がないことをしない。やりたくないことをしない。人とそんなに長く一緒にいない。疲れている人はまずこれを実践してみましょうね。自分の生きる道を見つける、なんて疲れるだけだからやめましょう。

もっと適当でいいんです。みんな真剣に嫌なことを乗り越えようとしすぎです。やりたくないことには、真剣に適当になってみましょう。

そんなこと一切しないでいいんです。怒りも減るはずです。自信もゆっくり取り戻せるようになるでしょう。

（一三人目）桜木英佳（さくらぎ・えいか）23歳

坂口「さて、次は桜木さん、同じ苗字の方が二人いますね。これは親子ですね。ご一緒しますか？　どちらでもいいですよ。親子面談のような形でも。あっ、でもどうせ聞いちゃってますもんね。じゃ、娘さんの方からお話を聞きましょう」

桜木「はい」

坂口「どうしましたか？」
桜木「あの、建築学科で」
坂口「あ、学生？」
桜木「あ、大学院生です。で、心理学にも興味があって、それで参加したんですけど」
坂口「なるほど。どうですかね、このワークショップは？」
桜木「おもしろーい」
坂口「あ、嬉しいです。あ、僕も建築学科卒業なんですよ。知ってます？」
桜木「はい。……えっと、私は誰に対してもよく思われたいと思ってて……」
坂口「なるほど、みんなそうですよね。そうじゃない人、一人もいないですもんね」
桜木「(笑)」
坂口「(笑)。誰に対してもよく思われたい、と思っていない人と僕は会ったことないですね」
桜木「あー。自分の中で、たとえば、今日の朝起きて、顔の調子が悪かったりとか、体重測って増えてたりしたら、もう今日家出たくないとか」
坂口「ああ。みんなそうじゃないですかね。わかりますねえ。僕もそういうところあります」

桜木「ああ（笑）」
坂口「ま、ナルシストってやつですよ」
桜木「ああ（笑）」
坂口「人に言うとね、えっ、それナルシストじゃない？　とか言われますもんねえ。言えませんよね、なかなか。でも、ナルシストじゃない人っているんですかね。いないと思いますよ。本当に」
桜木「ああ」
坂口「だから、うちら、絶対、ネット見過ぎなんだと思うんですよ。『あなたがナルシストである三つの理由』とかね。そういうまとめサイトよく見てるでしょ？」
桜木「（笑）」
坂口「僕もよく見てるし」
桜木「（笑）」
坂口「もうついつい読んじゃうよね」
桜木「（笑）」
坂口「もうやんなくていいのに、楽しくもないのにね、馬鹿みたいだけど、ついつい検索しちゃってね」

桜木「(笑)」

坂口「見ても落ち込むだけなのに、それもわかっているのに、なぜかね、見ちゃうよね。わかるー」

桜木「(笑)」

坂口「ねー」

桜木「ねー」

坂口「何にも意味ないのにね、専門家でもない人が書いてて信憑性なかろうが、関係なくてね、ほんと引き込まれちゃうよね。それくらいなら映画とかでも見てればまだいいのに、そんなのそっちのけでね、つーいつい見ちゃうよね、自分の欠点探し、探し続けてどこまでもね」

桜木「(笑)」

坂口「えーっとですね、僕、統計取ってみましたけどね、『いのっちの電話』で聞くんですよ、みんなにそうやって、するとね、みーんなそれやってるんですよ。みんな、どうにかしてでも、自分のことを別の言葉で、置き換えて、こういうふうに悪い状態なんですってところに持って行きたいんだよね」

桜木「はあ」

坂口「それはどうやら、人間の自動的な運動ではあるらしいってことだよね。みんなやってるんだから。ま、誰も口にはしないけどね。やってないって人もやってるから。実はみんなが家では弱点、欠点、短所、病気探し。どこかにないかと細かく観察しては悪い方に持っていこうと必死になっちゃって。僕もやってるからわかるのよー。それでも誰もそんなこと言わないもんね。なんか平然としててね。ネットでは有益な情報を集めてて、そんなダサいことはしてないみたいな顔をして、生きててね。でも家じゃジトジト自分のこと調べちゃってる」

桜木「(笑)」

坂口「……と思って、僕は今日、こういう空間を設計したつもりなんですよ。こういう空間を設計すると、あなたが今言った、自分が人からどう見られているかばかり考えていることで悩んでて、それは私だけの悩みで、しかも大問題でって一人でぐるぐるしてたのが、あれ？　って感じになるでしょ？」

桜木「……はい」

坂口「ちょっと私考えすぎだったかもってね。しかも他の人も案外似たようなことで悩んでるなーってね。なるでしょ？」

桜木「はい」

坂口「で一回そう思えると、やっぱりちょっと楽になるんだよね。もちろんね、また後になって悩み始めたら、一人でぐるぐるするかもしれないけど、それでもこの時の記憶があれば、あれ？　私、こじらせてないかな、って振り返れるもんね、ここは多目的ホールで、これはワークショップだけど、同時にここは病院で診察室で僕は医者なんだから(笑)、その空間の記憶も残るからね。むしろこっちの記憶の方が残っちゃう。あ、だから、今更言っても遅いかもしれないけど、録音したかったら、録音しとけばいいんですよ。

結論がね、あなたが今考えていることは、ほぼ全員強弱はあるけど、考えていることで、だからこそ、あのネットの病気かもしれないまとめサイトがドンピシャ当たるってわけね。でもそんなこと人に相談できないじゃん？　精神科の病院ですら相談できない。考えすぎですねってあしらわれると思うと、もう誰にも言えない。そんな状態に実は多くの人たちが陥ってて、みーんな悩んでいることで、それが人間の何かの本能なんだろうけど、それこそ、人に好かれたいと思うこと、とか、それなのに、それがナルシストって病気でもないのに、病気みたいになっちゃって、そういう言葉があると、すぐそこに自分が収まっていこうとしちゃうから。発達障害とか躁鬱病とか、つまり、僕もそういうところがあるし、わかるわけ。で、『いのっちの電話』をやってて、結局、みんなの悩みがおおよそ同じであると気づいてるのは、実は僕だけじゃない？」

桜木「そうですね……」

坂口「そうなの、だから、これは早くみんなに伝えないと、そうしないと、みんな、あのまとめサイトを見て……」

桜木「（笑）」

坂口「でも、ここでこうやって、病院という空間を作って、ホワイトボードで壁を立ててると、不思議なもんで、筒抜けなのに、壁っぽい仕切りを作ると、今まで人に言えなかったことが言えちゃってるでしょ？」

桜木「はい（笑）」

坂口「で、今、あなたがこれまで誰にも言えなかったその私ナルシストかも、このままじゃ私、どんどん人から嫌われて、一人になってしまうかも、それが続くなら死んだほうがまし、って思ってたことを、待合室のみんなが聞いてどう思ってるかわかる？　というか、あなた、これまでの患者さんたちの話を聞いてて、どう思った？」

桜木「私にも似たところはあるなって」

坂口「それは死ぬほどの問題だなって思う？」
桜木「いや、全然そんなことなくて、人には言えますね、全然問題ないよって。そんなところは私にもあるから、そして、それは変なところじゃないよって言えます」
坂口「でしょ。でも自分の問題は？」
桜木「口にできませんね」
坂口「でもこの空間だとできた。で、みんなあなたのことをなんと思ってるかというと、あなたがみんなに対して思ってたこととほぼ同じことを思ってると思うんだよね。なぜそれがわかるかというと、僕も同じように悩み、かつ悩んでいることを口にして、『いのっちの電話』で悩みを聞き、同じように感じてて、それは問題じゃなくて、問題だと思っているのは、一人でぐるぐる考えているからで、実はこれこそみんなで話し合うべきことで、話してたら、どうだった？」
桜木「今日はよく笑ってます」
坂口「そうなのよ。それって、馬鹿にする笑いじゃないじゃない」
桜木「バカにはしてません」
坂口「それもわかるよ。みんなもわかってる。それって安心した時に出る笑いでね、ほっとしてるんだと思う」

桜木「はい」

坂口「うん、というわけで、あなたはなんの問題もないですね」

桜木「はは」

坂口「**自分がナルシストかどうか考えてまとめサイトを読まないこと**ですね。そういうサイトにはですね、ナルシストは、自分が可愛い、能力があると思いながらも、実は自分のことを受け入れていない、自己否定をしている、とか書いてましてね……」

桜木「(笑)。はい」

坂口「心理学の本とかによく書いてあることで、まあ、ある一つのパターンみたいなもんなんだけど、それわかっていながらも、読みながら『まさにこれ俺や……』とか感じて落ち込んでしまってね……」

桜木「(笑)」

坂口「だけど、たぶん、これ二人で話してみて、ちょっとわかってきたのは、やっぱり特徴として個性無さすぎない?」

桜木「あー」

坂口「それ自分だけ悩んでることと思ってたでしょ？」
桜木「はい」
坂口「誰にも相談できず」
桜木「はい」
坂口「他の人は全然違ってて、これが私の悪いところだ、と」
桜木「思ってましたよね」
坂口「ところが僕はあなたの細かい気持ちの奥までわかってるように思えませんか？」
桜木「ですね、なんでそんなことまで知ってるの？　と。まるで盗撮でもされてるんじゃないかって」
坂口「もう理由はわかりますよね」
桜木「坂口さんも同じようにまとめサイトを調べちゃったりするからですよね（笑）」
坂口「同じく、なんですよね。これ性格とかですらないですね。たぶん。おそらく待合室にいる人みんな」
桜木「その可能性もありますね。むしろ高いですね」
坂口「みんなの**落ち込み方の個性がなさすぎ**て、これなんらかの、症状じゃないけど、ま、風邪を引いたから熱が出た、切ったら血が出たみたいな感じだよね、反応

　というか、元気がないときの反応、性格じゃない」
桜木「誰しもが、風邪を引いたら熱が出るように、元気がない時はまとめサイトを検
　索しちゃってると」
坂口「それでさらに落ち込んで」
桜木「（笑）」
坂口「バカだよね。って言えるよね、僕もやってるから」
桜木「こっちもホッとしますね。あ、坂口さんもやっちゃってるんだって」
坂口「声に出すと、いいでしょ？」
桜木「なんですかね、これ」
坂口「あと、あなた、建築のデザインをやりたいわけでしょ」
桜木「はい」
坂口「ただデザインすると、違うのかもね。あなたはこうやって僕と話しながらもい
　ろんなことを感じてて、繊細な感覚というか、それが出てきてるから、建築設
　計って結構、大変なことではあるんだよね。それこそ、土地を私有して、地面
　に穴を掘って、コンクリ埋めて、作っていくわけだから、占領するみたいなと
　ころがあるんですよ」

桜木「はあ」

坂口「それってある程度、鈍感な人じゃないとやり続けていくことができないと思いますよ」

桜木「ああ」

坂口「だけど、建築をやってます、とか言っちゃうと、ガチガチ建築やっちゃう、でもちょっと元気がないと、まとめサイト行って、自分のことを、何か既製品の言葉で当てはめちゃうところがあるわけじゃないですか？　本当はあなたは建築も好きだけど、心理学も気になってる。それなら、それ二つを混ぜて、自分独自のものを作った方がいいと思うんです。そして、まとめサイトに行かずに、まとまらずに生きていった方がいい」

桜木「それにはどうすればいいんですかね？」

坂口「どうすればいいのかは、まず先人に学ぶのはどうですかね？」

桜木「はあ」

坂口「フランツ・カフカという人がいますから、その人の書いたものを先入観ゼロで読んでみてください」

桜木「はあ」

坂口「カフカって人も、ちょっとネットで調べたら、なんだか実存主義の〜とか、官僚社会をあぶりだした〜とか、絶望〜とか、会社員やりながら実は影でこそこそ書いていた〜とか、なんだか、まとめサイトにまとまりやすい人なんですよ」

桜木「はい」

坂口「でも実際は違うんです。そこからどんどん離れようとしている人で、今読んでも新鮮です。特に彼の日記。日記なのに、創作してたり、ただ嘆いてたり、はたまた笑ってたり、基本的に、あっけらかんとして、でもずっと怒ってて、失望してて、でも、やたらと高い目標があったりしてて、あなたが読んだら、あ、この人も困ってるんだ、私より困ってるんだって安心しますよ。同時に、まとめサイトにまとまってた人物像と全然違うってことを読み進めるたびに気づくので、そういう思考の練習にもなるかと思いますので、新潮社からカフカ全集が出てまして、第七巻が『日記』ですので、それを読んでください」

桜木「か、ふ、か、ですね。わかりました」

坂口「今日この後、診察するお母さんに、全集買ってあげてくださいと言っときます」

桜木「はい」

坂口「では終わりです」

桜木「ありがとうございました」

＊

桜木英佳さん
症状：誰に対してもよく思われたいと思ってしまう。
理由：人間誰しもそう思うから。
対策：自分のこと、症状なんかを想像して、インターネット検索しないこと。自分のことは調べないこと。検索するのは自分以外の外のこと。知らないことを知りたい時に。自分を勝手に診断するために使わないこと。

▼声になっていなかったものを声にする

私たちは普段外を歩いている時は、平気な顔をしています。そうしておく必要があるからです。しかし、ひとたび帰宅するとどうやら違うようです。それぞれに抱えていることがあり、悩んでいることがあります。それをなかなか人に相談することができません。現代ではそれを吐き出すところがありません。

一体、どこに吐き出せますか？　親友でしょうか？　恋人でしょうか？　何か話を聞いてくれる機関なんてものはありません。病院の先生にそこまで細かく説明するわけにもいきません。カウンセラーには何か伝えられるでしょう。でもなかなか予約ができません。いつも帰宅して、そのちょっとした隙間に感じていること、聞いてほしいこと、絶望していること、失望していること、単純に一人で孤独で寂しいという感情。

これらの「声」はどこにいくのでしょうか。

というよりも、この声は声と思われているのでしょうか。そうではないように私には思えます。

まだ声になっていなかった声。それが今、このワークショップでみなさんが聞いている声なのではないでしょうか。

しかもそれは知らない声じゃないんです。知っている声ですよね。ワークショップに参加しているあなたはもう気づいているはずです。自分のその声の存在に気づいていた。

しかし、それを声として口にしたことがなかったんです。これはとんでもないことだと思いませんか？　そして、なんと簡単なことだとも思いますよね？　こうやってワークショップをやればよかったんですよ。みんなで。

私自身も今、このワークショップを初めて実験してみながら、わかってきているんです。私自身もこのように言語化できていなかったですから。

声になっていなかったものを声にする。

実はこの行為こそが薬なんですね。というか治療全般だと思うのですが、治療というか、それは悪い病気でもなんでもないと認識するわけですから、それが声だと気づくってことですね。それを人はこれまで精神病というふうに捉えてきました。すべてそれが精神病だったんです。

「ときどき忘れているが、忘れてならないのは、すべてが声の問題だということだ」
「しかし、これはただ声の問題で、他のイメージはどれも無視すべきだ。声が最後には私を貫いていく、いい声、最後の声、声をもたないものの声で、自分自身の告白の声だ」——サミュエル・ベケット『名づけられないもの』

精神科の病院では、その声を聞くというよりも、その人が、医師が知っている病気のどれに一番多く当てはまるかを予測し、それを元にその患者の病名を名づけていきます。もちろん、それによって、助かるという患者さんもいるとは思います。

しかし、病名がつけられてしまうと同時に、患者さんの口に錠がかけられてしまうのではないかとも私は感じてます。そうすると、その人の声にならない声が体の中で外に出ていくこともなく、ぐるぐると滞留してしまいます。それが毒素になってしまうのではないかと私は思ってます。ちゃんと声にしたら、**実はそれは病気でもなんでもない**。

だから診察室という密室よりも、今日のこのワークショップみたいにみんなで話してみたらいいんです。それが病気かどうか探るよりも、もっとその人の声にならない声を素直に出せるように、みんなで無言で背中を押してあげる。こちらから病名は何々ですとその人の言葉の中で一番当てはまるものをはめこむのではなく、ほとんど声にならないはずのことを、一人でずっと考えてきたことが、実はそこに集まるみんなも心のどこかでは考えていて、でもそれは外に声として出すべき言葉ではなかったと思っていたものが、声となって、それをみんなで聞けば、なーんだ、そんなことだったのかとホッと安心するのではないでしょうか。

もちろん病院は大事です。それで助かる人もいます。でもその前に、みんなで話してみること。自分の声にならない声のことに注目してあげること。こういうことが大事なのではないかと私は思います。と、そんなことを少しずつ私はこのワークショップを通じて、感じています。

そして、こうやって、今、声にしているこの声も私は初めて声にしてます。声を出すことが一番大切だったのではないか、というシンプルなことですら、私の中では声になっていなかったんです。

でもそれが少しずつ声になってきています。とても興味深いと思います。

あ、あと、まとめサイトには要注意ですね。ついつい見ちゃいますよね、まとめサイト。しかもまとめサイトをついつい見ちゃうという声もほとんど声にならない声ですね。あれはみんなが当てはまるようになっています。あれに当てはまらない人はほとんどいないのではないでしょうか。

もちろん調子がいいときは別に気にしません。ところが、調子が悪くなると人は皆、自信をなくし、人と自分を比べ、そして、自分の欠点にしか目が行かず、かつ、どうやってもこれ以上うまくいくようには思えません。それがきつい時の自然な反応です。だから、そんな時にまとめサイトに飛んで、まとめられている症例を見ると、おそらく全員が当てはまってしまうんです。どうやっても悪い方にしか考えないんですから。

そうやって、自分の状態に名前をすぐつけるのはちょっと待った方が良さそうな気がしてきますよね。今までのところ、何か問題があった方がいますか？　私の目には誰一人として、そのまま病院に行った方がいいと思えそうな人はいませんでした。声にしてみると、それが病気でもなんでもなくみんな似たようなことを抱えているんだとわかります。ただその声を声にする空間がないだけなんです。もしかしたら悩みなんてものは声にすることが当然の世界になれば一つもなくなるのかもしれません。

（一四人目）桜木英子（さくらぎ・えいこ）58歳

坂口「英佳さんのお母さんですか？」
桜木「はい」
坂口「さっきの話は初めて聞きましたか」
桜木「はい」
坂口「ま、ここは診察室ですから、密室ですから、聞こえてないことにしといてください ね」
桜木「自分の悩みというよりもですね、私自身、日頃、人の悩みを聞く仕事をしてまして」

坂口「なるほど、カウンセラーですか？」

桜木「あの、漢方の相談を受けてる仕事をしてるんですけど」

坂口「なるほど」

桜木「体を治すよりも、心の問題がすごく難しくて。娘から坂口さんのことを聞いて、ぜひ話を聞きたいと思って、今日来ました。だから今日は私からは悩みの相談はありません。坂口さんから何かもらって帰りたいなと思いました」

坂口「あ、そうですかー。私の結論はですね、**心の問題はすべて心臓の問題じゃないかってことです。**だから心の問題にしないで、胸が苦しい、息苦しいというときは、文字通りに受け取ってみるんですね。全部心臓の話。胸が痛いのは、心臓がきつくなってるとき。発作が出てるってのは、つまり心臓発作ということなんだと思うんです。だから、そういうときは横に寝かせてあげる。そうすると、ポンプ役を担わないで済みますから、心臓が楽になるんですね。その時に、横になることで、心臓の動きが楽になってるんですよっていうのを自覚してもらう。みんな横になるってのは、サボってると思いがちですが、横になることで、心臓がピットインできるんですね。それで心臓をメンテナンスする。でも、心臓を使いすぎて疲れているのに、それらをついつい心の問題と捉えがちなんですよね。

私が思うに、漢方っていうのは、心臓を主体に考えてるんです。心臓に対して、いかに負担を減らしていくかを考える薬だと思うんですよね。ぎっくり腰をした時、整体とか行って、ついつい腰をマッサージして、直そうとするじゃないですか。でもそれで治ったとしても一時的なもので、すぐまたぎっくり腰をやってしまう。そうやって治りにくくなってしまうんですけど、あれも実は心臓なんじゃないかって思ってまして、つまり、心臓がもうこれ以上は働けないってなると、心臓と腰は直結してますから、腰が痛くなってくる。

つまり、横にさせるために、言ってもわからないから体で示してしまうというのか、腰が動かなくなれば、横になるしかありませんから。そういうときは働いちゃいけないってことなんです。マッサージするより救心飲んだ方が次の日動けるようになるんですよね。漢方はほんとこれからまた重要になってくると思います。

私はシーボルトの弟子が作った吉田松花堂の諸毒消丸という金色の玉が熊本にあるんですが、それを飲んでます。心臓が痛いとき、腰が痛いときに。そんな研究もしてます。死にたいとき、もちろんそれぞれの悩みもあるのですが、それとは別の角度から、つまり心臓から見るとよくわかったりもしますからね」

桜木「私は薬は使うけれども、なるべく減らしたいなあって思ってて」

坂口「なるほど」

桜木「でもお客さんは、やっぱり心配だからか薬を減らすのには抵抗があるみたいで……」

坂口「そうですよね」

桜木「でも薬だけじゃどうしてもうまくいかなくて、体を治しても、心の悩みを消さないとやっぱり何度も繰り返してしまうという人がすごく多くて。それでも話をすると、その場ではわかってくれるんだけど、何日か経つと、また元に戻ってしまうというケースが私の場合だとよく起きます」

坂口「そうですよね。そのときはいいけれど、また忘れてしまう。だから、私は自分の携帯電話番号を公開しているわけですね。辛い時って寄せては返す波状態になってますからね、対面して話したときは、すぐ意味がわかった！ とか言って元気になってくれるんですけど、やっぱりまた辛い波はくるんですよ。そのときにすぐアフターケアをしたい。それで電話をかけてもらうようにしているわけです。

私はその人にとって、まったくの他人であるにもかかわらず、何時に電話をかけてもいい人である、しかもそれが一生続けることができる。そういうコミュニケーションができる空間を設計しているんです。他人だけど他人じゃないくらいの他人。それが必要なんですよね。友達でもないのに、私には一生電話ができるんですから。それがないから、みんな辛くなるんですよね。誰も近くにいる人に相談できてないですから。家族にはとてもじゃないけど言えないってみんな思ってるわけです。他人じゃないから。さっきの娘さんの話もお母さんは初めて聞いたんですもんね。でも、私には言える。そして、私に言ったことは壁を尽きぬけて、あなたも聞くことができる。

そういう場所を作りたいんですよね。それこそが**本来の病院**だと思っているんです。今の病院は密室だし、先生の意見しか通らないし、みんなが関わることができないんですよね。だから私は自分で考えた病院をいつか作ってみたいんです。それがこのワークショップで実験したかったことでもあります。誰にも言えなかったこと、声にならない声が口に出せる場所」

桜木「坂口さんの『自分の薬をつくる』って言葉がすごくいいです」

坂口「ありがとうございます。でも漢方って元々そうですよね。自分でこれが効くかもって自分で調整できるし、発見できる。あの誰でしたっけ？　漢方の祖である仙人みたいな人（註：黄帝）、いましたよね？　全部自分の体で人体実験して、なんでも食べてみて、調べていったあの仙人。名前なんでしたっけね。結局最後、毒を食らって死んじゃうんですよね？」

桜木「はいそうです」

坂口「あのおっちゃんに私はやたらとシンパシー感じますね。実在している人かどうか知りませんけど。でもあなたみたいにお薬に関わっている人もただ処方するだけじゃなくて、自分なりの薬のつくり方を見つけて行かなくちゃいけないんだって思ってらっしゃることがわかって、私も嬉しいといいますか、やっぱりそうですよね、みんな患者さんに治って欲しいんですからね。

だから、いろんな角度からそういう人が現れたら、今のようなただ薬を処方して、それを何も考えずにただ飲んで、それで治らないのに薬を飲み続けるみたいなことにはならないですもんね。これからもよろしくお願いします。何か気づいたことがあったらすぐ電話してください。そして、娘さんにまずは薬を、つまり、カフカ全集を買ってあげてください」

桜木「はい！」

坂口「ありがとうございました」
桜木「こちらこそ」
坂口「じゃあ、処方箋には私の携帯電話番号だけ書いておきますね」
桜木「嬉しいです」
坂口「そうですね、ちょっと病院の話をしておくと、僕は二〇四〇年くらいにですね、自分でちゃんと病院をやろうと、二〇年くらいかけて計画を立てて、六〇〇億円くらい集めて、病院を作ろうと思ってまして。病院というのか、そこは町のような場所で、まず無償で寝泊まりができる住宅群が並んでいて、お金がなくてもなんの問題もなくそこに入れて暮らせるようにして、それも一つ一つ心地よく設計されてて、シンプルですけど、心地よい家で、家賃が〇円ですから、体の調子が悪くても働かなきゃいけないみたいな効率の悪いことはなしで、そこでゆっくり良くなるまで休めるんですね、緑豊かな場所で。そこで食べるものもすべて自給自足されていて、食べるものだけじゃなく、ハーブやそれこそ漢方の原料もそうですね、みんなそこで作れるものは作られていて、あらゆるものがみんなから集められた寄付だけで成り立ってるんです。だから、健康保険とかそういう概念もなくなってるんですね。

パッチ・アダムスっているじゃないですか？　あのロビン・ウィリアムズが主演してた映画のモデルになった人。彼が〇円診療所を作ってたんですね。それはすべて寄付で賄われてて、あれをみて、僕もこういうのしたいって思いました。健康保険ってばかにならないじゃないですか。生活費を圧迫してる。だから、僕は〇円の病院を作りたいんです。そこは病院っていうんですかね、ちょっと変だなと思ったら、そこに行って、みんなと話ができる、いろんな先生がいて、そこで話をして、何かを治すっていうか、調子を整えるみたいな、やっぱり漢方的な場所だと思うんですよ。病院ってよりも、そういう都市ですね。小さくて穏やかな都市。そこではお金がないからといって医療行為が受けられないとか永遠にない場所。みんなが安心できる場所。的確に治療ができる場所。とにかくいろんな角度が同じところにあるっていうことが重要だと思ってるんですけど、今、密室の診察室の中だけで何かが行われているじゃないですか、そうじゃなくて、常に二つ三つの観点があって、そうやって、その人をどうやって治せばいいかを考えられるような場所。生活の心配もせずにリラックスできる場所。そんな場所を作りたいんですよ。イメージはしっかり固まってて、図面に描けるくらいです。そういう場所があったらそれこそすぐに自殺者もゼロになると思うんですよ。自殺者が多いってことは、今のやり方が完全に間違っているってことですもんね。完全無償の病院。それをいつか僕は作りたいんです」

桜木「それはいいですね。私も参加したいです」

坂口「いつか作りますので、よろしくお願いします」

＊

桜木英子さん

症状：悩みはない。漢方の処方をするカウンセリングを仕事にしているので、自分の薬をつくるということについて知りたくてきた。

理由：もしかしたら、僕の方に悩みというか、何かつっかえるものがあったのかも。桜木さんと話すことで、詰まってたものが取れ、いろんな着想が出てきました。

▼個人の悩み、なんてものはない

私がただ患者さんに話をしているわけじゃありません。

そうじゃなくて、患者さんも同時に私に何かを投げかけてくれてます。だから話しながら、私はどんどん自分にも思いつきが湧いて出てきているのを感じてました。これは私だけじゃなくて、ホワイトボードの向こうで聞いている人たちも同じだと思います。なんていうんですかね、これも声なのでしょうか。

ここまで話してきて、私が興味深いと感じたことは、皆さんが話してくれる内容が、まるで戯曲みたいに感じられることなんですね。別にその人はそんなことを感じていないけど、台本であるから、そう演じている、というような。だから、同じことを、他の人が演じることもできるのではないか。そうやってある人と私の対話を、他の人がやってみると、より理解しやすかったりするんじゃないかと。

そうやって考えると、なぜ戯曲、演劇というものが存在するのかということについても、何か気づくことができそうな予感もします。問題は誰がそういう悩みを抱えているかということではなく、私はここできっぱりと言いますけど、もはやその人個人の悩みなんてものはないんです。そうじゃなくて、あるのは、そういう「声」だけがある。

それは今まで「**声にならないものの声**」として、体の中に言葉として実体があるわけではなく、渦を巻いて隠れていた。なんか悩んでいるってことはわかるけど、声にはなっていない。しかし、こうやって、人前でみんなで演じてやってみようと、私が音頭をとって、少し空間をいじるだけで、今まで声になっていなかったことが、人々の口から漏れでてくるんです。

それをみんなが観客として、その演劇を楽しむことで、悩みが共有されて、その人個人から抜けでて、私たちが構成している社会の問題として、その嘆きの声として、聞こえてきます。私はまだこのことをうまく言葉で表すことができていないのですが。

私が今、思いついたことは何かというと、ここで話をした私が考える病院というのか、リラックスするための施設というのか、わかりませんが、その無償の場所が面白そうだなということです。

つまり、私はこれを今さっき桜木さんと話している過程で思いついたのです。それまでもちろん何度かこのようなことを考えたことはありましたけど、具体的なヴィジョンにはなっていませんでした。それが桜木さんと話していると形になっていきました。どんどん思いついていきました。桜木さんが漢方の相談員だったということがまずあったのでしょう。だから想像しやすかったんです。桜木さんに働いてもらいたい、そんな空間のイメージが現れてきました。これは私にとってとても重要なことです。一体、誰がその空間を使うのか、誰が動いているのか、誰が喜ぶのか。そうやって私は頭の中でどんどん実在する存在として動かしていきます。

桜木さんがこう言ってました。

桜木「はい、こちらは坂口恭平が提唱した、『いのっちの地面』です。九万ヘクタールあるこの広大な地面の上だけは、日本ではないと坂口恭平は言っておりました。あるひとから提供されたこの土地に坂口恭平が一人でくわを入れ始めたのが二〇二一年のこと。それ以来、彼に賛同する人々が集まり、くわを持った人が何万人も集まり、開拓されていきました。その間に坂口恭平は彼が考えている『これからの治療法』という本を書き、それは二〇二五年のベストセラーにもなりました。そこで得た三億円以上のお金を坂口恭平はなんとすべてこの『いのっちの地面』の建設に注ぎこみます……云々」

こんなことを書いて、どうするのか私もわかりませんが、つまり、ここは私が医者だからと言って、あなたたちを慰めている、治療している場所ではないということです。同じように私も演じてます。そうすることで、誰かのどこからきたのかわからない、でも確実に存在する「声」を口にしてます。これはどこからきているのでしょうか。もう一つ気になったことが、このことです。

声というものがどこからきているのか。

それぞれの個人の悩みを聞いているはずです。普段であれば、あなたたちが他の人がどんな悩みを抱えているのか、知ることはできません。それは文字の上でも知ることができないし、診察室で何が起きているのかも知りませんし、悩み相談の本を読んだって、あれもどうも違います。

本当に悩んでいること、日常生活を送る中でふと感じる悩みなどは、ほとんど形になることなく、ぼんやりと漂っているだけです。存在していることは知っているのに、誰も知らんふりです。それが声となって、ここで音として聞こえるとどうなりましたか？　それはいつもから馴染みのある悩みだとすぐにあなたたちは気づいたのではないでしょうか？　たとえそれが別の人の悩みだとしても、その声を聞くと、それはあなたの悩みでもあるんだとすぐにわかったのではないでしょうか。そして、安心しませんでしたか？

私は今、とても安心してます。

なぜかというと、みんなが口にすることがすべて、なーんだ、そんなこと悩んでいたのか、でも、それ私も理解できるし、それで悩んでいることもわかるし、でもそれって、一人で悩むことじゃないし、私に言ってくれても私は馬鹿にしないし、おかしいことでもないし、むしろ愛すべき悩み、早く言ってくれたらよかったのに、私だってそれ悩んでるから、自分だけどうしようもない人間だとか言わないでほしいなあ……みたいに感じているからです。

（一五人目）冨柿由里（とがき・ゆり）29歳

冨柿「建築の大学院に行ったんですけど、就職とか全然考えてなくて」
坂口「俺も俺も」
冨柿「で、だらだらしてたら、社会的にうまくいかなくなって。ま、一応就職はできたんですけど、アトリエ行ったりしたんですけど、うまくいかなくて、どうしようかなって悩みつつ、なんかまあ」
坂口「今、何してるの？」
冨柿「今……」
坂口「でも建築には興味がありそうだけどね。今やってるこのワークショップみたいな空間を作るとかはどう？　これだって一つの建築だと思うんだけどね」
冨柿「ありますー。私、結構こういうことやりたいと思ってたんですよね。もともとは演劇の脚本書いてたんですけど」

坂口「なるほど。演劇の方に行くと違いそうね。もうちょっと建築寄りな感じだよねー」

冨柿「最近、甥っ子が生まれて。甥っ子を見てて、その子が何か物を確かめているだけなのに母親に『なんで汚してんの』とか怒られているのを見てると不憫で。かわいそうだと思いつつも、なんかたぶんそれが自分が社会的にうまくいかないのと重なってるのかなあと……」

坂口「なるほど。じゃ、**『怒り方、怒られ方の研究』**してみよっか」

冨柿「ふふふ」

坂口「自分が怒られている時でも、甥っ子が怒られている時でもいいから、黙って見てみよう。怒っている人をただ糾弾するための研究じゃつまらないから。できるだけただの観察者の感覚で、怒っている人を調べてみたらどうかな。そして、時々『なんでそんな風に怒ったんですか』って言ってみる。それが間違っているとは言わないで真面目に研究に取り組んでいるような姿勢で聞いてみる。

　これすごいドキュメントになると思うんだよね。大事なドキュメント。僕も自分の子供に対して、これ怒った方がいいのか、怒らない方がいいのか、よくわからなくなる。他人が見たら、これ怒るところじゃないでしょってなるんじゃないかとか考えたり。自分の子供だと思うと、ここで言っとかないと、変なこと覚えそうだしなと思ったり、そういうことが二重、三重にあるからよくわからない。それをルポしたら？　今、時間あるんだっけ。仕事しているんだっけ？」

冨柿「仕事してますよ」

坂口「仕事場でも怒られるの？」

冨柿「怒られますね……」

坂口「じゃやってみよう。『ルポ怒る』を書いて……。一気に書くと悩んじゃうからまず三か月研究してみて。フィールドワーク。それで四か月目から原稿書こうか。そこから一日五枚くらい書いて、一か月に一五〇枚。二か月で三〇〇枚。これで初稿にしよう。四か月の調査と二か月の執筆。半年後に原稿を揃えて、僕に送って！」

冨柿「ははは。すごいですね」

坂口「ごめんね。僕の仕事は適材適所にすることだけでね、やること見つけるのが得意だからね。こうやって、どんどん好き勝手に決めちゃう。もちろんやるのはあなたの自由だよ〜。はい、じゃこれ処方箋ね」

冨柿「はい、ありがとうございます」

＊

冨柿さん
症状：甥っ子が怒られているのをみると、なかなか社会でうまくいかない自分と重ねてしまい、悲しくなる。
理由：きっと自分も怒られてきてて、そのことに怒りを感じている。
対策：怒りに対して、怒りで接すると、さらに強い怒りが相手から繰り出されるので、そういう場合はまずとりあえず自閉の方法で、逃げることをお勧めするのですが、家族の一員だとそうもいかないので、ここはひとつ下記、第三の道を。

▼研究する

第三の道というのは、抵抗もせず、受け入れもせずってことなんですが、つまり、それは**研究する**ってことです。どっちにも行けないジレンマを感じている人は、どちらかの道を選んでもいいのですが、それで苦しくなっている場合は、選ぶという方法じゃないということを、体が教えてくれているのではないかと私はいつも考えます。研究開始のタイミングってことです。

利点は選ばなくていいってことです。そして、研究すれば、自ずと第三の道が発生します。研究することは選択することから遠く離れていくんです。なぜならジレンマを感じているとき、それは矛盾とぶつかっているわけですが、矛盾を解決することばかり人は求めているようですが、そっちの方がおかしいんです。

私は今医者ではありませんが、医者です。私は死にたくなりますが、死にたくなる人を死なせないようにいのっちの電話をしてます。私は人と会うのが好きではありませんが、人のことが好きです。私は毎日、矛盾の中にいます。そして、矛盾というものに対して考え方が変わってきました。それは自分を困らせる問題ではなくて、自分という体が持っている神秘を感じる瞬間だからです。矛盾の種類は人それぞれによって違いますが、みなさん等しく矛盾を抱えています。だから、研究すれば、人が喜びます。矛盾を解決すべき問題と捉えないことが重要です。哲学者キルケゴールの言葉に、

人生は解決すべき問題ではなく、味わうべき神秘なのだ

というものがあります。いや、たまたまネットで見つけただけです。どの本からの引用なのかすらも知りません。もしかしたらキルケゴールの言葉じゃないかもしれません。

でも、私はそんなこと御構い無しです。自分の栄養になるんだったら、どんどん取り入れるわけです。こんなこと考えたことがなかったからです。人生とは問題を解決するものだと思っていたからです。そして、私は人生とは問題を解決するもの以外だと思っていませんでした。もっと違うだろ、もっと何かあるだろうと思っていました。声にはなっていなかった、言葉にはしたことがなかったけど、それを言葉にしてもらったのです。

彼も矛盾を抱えていたんだと思います。問題を抱えていたんだと。でも、それがその人の特徴となりうるのです。研究をすれば、すぐにその問題だと思っていたものが、抱えていた矛盾がそのまま素直に、あなたの特徴になるんです。ビジネスチャンスということもできるでしょう。

看護師「先生、あと一五分しか時間がないんですが、あと七人いますので……」
坂口「はい、やってみましょう。でもまあ時間がなくなったら、みんな僕の電話番号知ってると思うので、そこに直接電話かけてきてください。でもとりあえず進めていきましょう」

（一六人目）内藤有理子さん（ないとう・ゆりこ）46歳

坂口「えーと、次は内藤さん！」

内藤「はい。私、もう今までみんなの話聞いてきて、悩みがなくなりました」

坂口「ないよね！　そうだよね！　内藤有理子はない！」

一同「（笑）」

内藤「先生に会いにきました！」

坂口「あっ、そうですか！　ありがとうございます。あなたはね、もうこれだけ書いておきます。『**人を助けてくださいね**』。あなたは才能あるから、どんどん困っている人を助けてあげてね」

内藤「もちろんそのつもりです！」

坂口「本当にあなたはやさしいね。顔からにじみ出てる。もしも困ったら、すぐ電話すればいいしね。僕の電話番号知ってるよね」

内藤「もちろん、110番とか119番みたいなつもりで、もしもの時のお守りとして 090-8106-4666 の番号登録してます」

坂口「じゃあ、バッチリだね。あとはとことん好きなことやってみてください。困ったらすぐにこっちに電話。それで完璧！」

内藤「はい、がんばりまーす」

＊

内藤さん
症状：悩みがあったかもしれないが、もうなくなった。
理由：みんなの話を壁越しに聞いていたから。
対策：困ったら僕の電話番号 090-8106-4666 にかける（登録済み）。

▼健康の証

ちょっとずつ不思議な感じになってきてますよね。
みなさんも少しずつ何かに気づいている。今まで悩みだと思っていたことが、少しずつ溶けていっている。それよりも人に対して、興味が出てきている。人が抱えていることを聞きたくなっているのではありませんか？　しかも、それは人の辛いところを知りたいというよりも、もしかして自分と同じなのではないかという面白味に向かっているのではないでしょうか。

　そう私が感じるのは、いのっちの電話をこれまでずっとやってきて、それこそ二万人近くの声を聞いてきて、感じてきたことがそれだからです。**すべての人が同じ悩みなら、もうそれは悩みではなく、人間たるものみんなそんな状態にある**ということですので、自然そのものの姿です。むしろ健康の証です。健康になるために人の話を聞きたくなってる、そして、自分の悩みというよりも、あ、それ私も感じます感じますと言いたくなってしまっているのではないでしょうか。

　自分の薬を作ることが、人の薬を作ることになっているのかもしれません。薬を作ろうとする意志だけが薬なのかもしれません。自分の薬を作ることができるようになったら、人の薬も作ってあげたいと思うようになっているのかもしれません。自分の薬を作るということは、それぞれの人が自分の医者になるということなのかもしれません。

　私自身もこうやって、みんなで診察みたいなことをしたことがありませんでしたので、今初めて気づき始めているんです。もちろんいのっちの電話をしながら薄々気づいてはいました。でも、実践するのは今日初めてです。そして、予感は思った以上に的中しているです。

読んでいるみなさんも同じような気持ちになっていたら、この本は大成功だと思います。いよいよこの病院ごっこも後半戦に向かいます。

さて次の方！

（一七人目）児玉利行（こだま・としゆき）28歳

坂口「どうしました？　でも児玉くんも見たところ問題はないね」

児玉「えっと、自分のお店をやりたいんですけど……」

坂口「ほう、何のお店？」

児玉「服とかのお店なんですけど」

坂口「もうちょっと詳しく教えてー。服だと何が好きなのかな、セレクトショップ？　古着？」

児玉「古着もまあ、でも新しい服ですね」

坂口「新しい服なのね……」

児玉「まっ……そこがちょっと問題なんですけど、昔は好きだったけど、今は興味がなくなってきていて、好きなものが何かわからないんですよね」

坂口「昔は何が好きだったの？」
児玉「えっと、昔は色々好きだったんですけど。うーん」
坂口「ブランドものだと何なの？」
児玉「ブランドものはないですね、古着が好きだったんですけど……。今はユニクロとか無印とかばっかりですね」
坂口「なるほど、その中からいいものをチョイスして売ったら？　ヴィンテージ無印とかユニクロとか」
児玉「ああ、それもいいですけどねえ」
坂口「今、気になってるデザイナー、誰もいないんだ」
児玉「いないんですよ」
坂口「そっか。じゃあ作っちゃえばいいんじゃないの？」
児玉「その、アウトプットの仕方を聞きたかったんですよ」
坂口「ほー。じゃあ着たい服がどういうのかってのはあるんだ」
児玉「そうなんですよね」
坂口「ベーシックな服が好きそうだよね」
児玉「そうですね」

坂口「白シャツでも一回作ってみません？」
児玉「白シャツいま、作ろうとしてて……」
一同「（笑）」
坂口「じゃあ、これが今、自分が欲しい着たいと思う、これだと、最高だろっていう白シャツを作ってみよっか。二万円超えちゃうと、あれだから、一万円代で売れそうな、でも生地も良くて、最高級じゃないけど、縫うところとか生地屋とか、どこに頼むかとか、そういうことを設計してみたらどうかな？　予算内にどれくらいのものを詰め込むことができるかの研究をしてみようか。『**白シャツの設計、計画**』ですね。まずは見積書を作って、送ってもらいましょうか？どれくらいでできる？」
児玉「えっと」
坂口「まずね、毎日、考えた方がいいよ。たとえ五分でもいいの。でも毎日やれることをする」
児玉「じゃ、一日一時間やってみます」
坂口「それだと二週間くらいだね、あんまり考え過ぎても仕方ないから、二週間後、一四時間かけて一枚企画書書いてみてね」

児玉「はい、わかりました」

＊

児玉さん
症状：好奇心がなくなって、好きなものがわからない。
理由：インプットが飽和して、アウトプットの時期に来ているのかもしれません。
対策：自分が欲しいと思うもの、彼の場合では白シャツ、それを自分で作ってみる。

▼適当なアウトプット

それまでいろんなことに興味を持ってきてやってきたけど、急に興味がなくなったということ、よくありますよね。それで自分が好奇心のなくなったつまらない人になってしまったなんて焦る人がいますけど、つまり、それは私がそうだったからよくわかるのですが、この時は何度も言うように**アウトプットの時期**にきてます。

しかし、やはり多くの人がアウトプットのイメージが湧かないようで、どうすればいいかがわかりません。そして、アウトプットとなると、急に何でも好きだった人が、何か突然こだわってしまうというのか、改まってしまって、しっかりとしたものを作ろうとしてしまいます。今まで作ったわけでもないのに、そう改まってしまうのです。これがアウトプットの不思議なところです。

インプットってみなさん適当にやるじゃないですか。教科書通りにやると、面白くないし、やる気にもならないのは、みなさんも経験でよくわかっていると思います。英単語とか覚えよう、インプットしようと思ってもやる気ないのに、映画は観るわ、音楽は聴くわ、服も買うし、本も読むじゃないですか？　見境なく、適当に何でも雑食するじゃないですか？　でもアウトプットの時は急に改まる。

アウトプットも今みなさんがやっているような適当なインプット、乱雑なインプットのようにできると楽になるような気がしませんか？　私が普段心がけている方法はこれです。**適当なアウトプット**。さっとやる。思いついた瞬間にそのままやる。改まらない。偉そうにしない。教科書通りにしない。ルールを無視する。ほっとく。適当に。真似したりして、さっと形にする。深刻に考えない。ただの娯楽としてやる。ひとに見せることは一切考えない。ただの楽しみとしてやる。

これは今まで娯楽をインプットして味わうためだけに使っていた感覚でしょうが、今日からあなたもアウトプット、つまり創作においても活用してみてください。企画書はさらに創作する前の計画です。アウトプットだからって、創作する必要もないんです。適当なアウトプット、これが企画書です。つまり計画ですね。妄想も文字に書けば計画書、企画書に変わります。そうやって、自分の中から湧き出てきたであろう、直感を適当に言語化してみるんです。厳密にやる必要は一切ありません。むしろ、そんなことは邪魔です。

重要なことはインプットと同じで、**適当にランダムにそれが完成形だと決めつけずに、まずは手っ取り早くやってみる**ことです。それが何も関心がなくなったときの簡単で一番有効な処方箋だと思います。自分の薬も、真剣に作るというよりも、適当に、教科書通りではなく、下手な科学者のようなノリで、自前でさっと作っちゃう。それが一番いいと思います。気楽に、ということをお忘れなく！

▼アウトプットについて、もう少し

私の場合、アウトプットについて、質はほとんど気にしてません。はっきりいうとなんでもいいと思ってます。体の具合と同じようにしている。つまり、食べる時と同じ気持ちで。

食べるものにはみなさん気を使うじゃないですか。バランスよくいろんな栄養素を取ろうとする。すると、自然とウンコが出る。それと同じようにアウトプットするように心がけてます。心がけるというと、固いんですよね。だから、もう成るがまま、なすがまま、もよおしたまま。

一度、何かアウトプットする方法を見つけるとするじゃないですか。とにかく次のものを「作る」ということはそういうことです。創造する、作る、ということは何かを構築することのように考えすぎると、手が出せなくなっちゃうんですね。そうじゃなく、ただ出るままに出すという方が気が楽です。

どうするかというと、**パッと思いついた「欲しいもの」をそのまま作る**んです。これだと、私が自然と欲していることですから、その欲望に従って、それをお金で買うんじゃなくて作るんです。これが一番簡単で、かつとても自然なウンコだと思います。しかも、そうすると、必然的にこれまでやったことがないものになります。このやったことがないってことがとても大事な気がします。

ついつい、人には一貫性があって、技術が必要で、そういう人じゃないと作っちゃいけないような風潮があります。だから、作ろうと思ったら、誰かに学んで努力しようとするんですね。しかし、そうやって枠にはまっていくと、いいアウトプットがしにくいです。

もしかしたら、技術が身につけば仕事にはなるかもしれません。お金は稼げちゃったりするかもしれません。しかし、私の場合ですが、それだと窮屈を感じて、とにかく面白くないんですよね。**そうじゃなくて、いきなり作る**んです。

編み物を例にすると、棒編みの仕方を覚えて、手袋編んで、帽子編んで、段階的に進んでいくんじゃなくて「セーターが欲しい」と感じたので、一番簡単なセーターの編み方を毛糸を買った毛糸屋の店主に教えてもらって、最初からセーターを編んでみる。編み物を覚えるという感覚と、セーターが欲しいという感覚はまったく違うんです。**まずは欲望を見つける。その欲望の赴くままに体を動かす。**そうやると、心地がいいです。風通しがいいです。そして完成が待ち遠しくて、やる気がどんどん出てきます。それで作り上げたら満足します。私もセーター以外はまったく作れません。でも、それでいいんです。セーターが好きなんですから。

それともう一つ、私は「**やったことがない**」ってことがとても大事です。自分にとって目新しいもの。自分の知らないこと、やりたいとふと思ったこと、それをすぐに実践する。そうやって多様な刺激を頭に体に送り込んであげる。

すると、体の調子がどんどんよくなります。もちろんこれは私の経験談でしかないんですけど。新しいことを始めると、いろんな蘊蓄《うんちく》が増えます。これがまた効果あるんですね。

そうすると、私の躁鬱の波がびっくりするほど安定するんです。常にやったことがないものに挑戦する。もちろん洗練されたものにはなりません。しかし、ウンコに洗練さは求めていないんです。その代わり無事にすんなり迷いもなく食べてウンコできる体、つまり自分なりの健康な体を作るという技術はどんどん洗練されていくんです。

一貫性を持って、職人肌のこの道一筋の人生は、気持ちよく放棄しましょう。それよりも、あらゆるインプットをして、思いついたまんま（だからそれがとても自然な欲望に従っているってことです）アウトプットをしてみましょう。そう考えると「今、何が欲しいのか？」ってことを考えるのがとても楽しくなりますよ。

デパートをウインドウショッピングしてもいいかもしれません。お金がないからとウインドウショッピングをしないなんてもったいないです。お金は関係ないんですから。人の体を使ってウンコをしても仕方がありません。ウンコは自分でやるんです。だから作ることに関してお金は不要です。今すぐできます。アウトプットするということがそもそもとても自然な行為なはずですから。

（一八人目）大森光太郎（おおもり・こうたろう）23歳

坂口「あ、君ね」
大森「はい」
坂口「光太郎くんは、たぶん人を助ける系の人だね」
一同「（笑）」
大森「そうですね」
坂口「人から相談よく受けるでしょ」
大森「そうですね」
坂口「このワークショップ参考になったでしょ？　人を助けるのに」
大森「はい、そうですね」
坂口「あなた自身にも問題はないしね」
大森「そうですね（笑）」
坂口「何かある？」
大森「ちょっと趣味で音楽を作ってて、今は何も思いついてないんですけど」
坂口「でも作ったことはあるんだよね？」

大森「そうですね」

坂口「それ、さっき相談した人いたよね？」

大森「ああそれでわかってきて」

坂口「デモテープを元にマスターテープを作るってやつね」

大森「はい。ということで、結構、解決しちゃったんで、今まで話聞いてきたおかげで」

坂口「作ったものはね、一年とか、二年とか、時間をかけて置けば置くほどいい味が出るからね、全然見方が変わるから、もう一度、自分が作ったものを引っ張り出してきて、編集するなり、歌詞を考えるなり、変えるなり、推敲をね、するといいね。その作業を暇つぶしと思ってやっているだけで、むちゃくちゃ幸福感じると思うけどね。

新しく作らなくていい、もうすでに作ってる、ただ何か享楽にふけるわけでもない、自分が作ったものを手直しするって、本当に幸福な作業なのよ。それをやり続けることができるんだからね。それって二四時間悩む代わりに、二四時間考え続けることができるってことだから、その時間の過ごし方、一人でいれる技術、そして悩まずに推敲するという幸せな時間を獲得したら、もうあとは満足できるから、自分のことはぼちぼちにして、僕みたいに人助けに専念しよう！　光太郎くんはいけそうですね、この道」
大森「ありがとうございます」
坂口「才能が溢れ出そうですね。人助けしたら。期待してます」
大森「はい」

＊

大森さん
症状：特になし。
理由：これまで他の人の話を聞いてきて、自分と同じ悩みを持っている人がいるのを知って、楽になったから。
対策：自分の調子が戻ってきたら、今度は人を助けてみましょう。

▼自分にダメ出しをするということ

光太郎くんは、とても素直な人でしたね。

人の悩み相談を聞いて、自分のことは自分で解決してしまっている。そしてそれは光太郎くんだけでなく、ここにいたすべての人に起きていた変化だったと思います。

これは何が起きているかというと、毎日、僕に起きていることが彼らにも起きているなと思ったんです。僕のところには「いのっちの電話」がかかってきて、当然みんなからそれぞれ悩み相談を受けるんですね。

僕は誰か近くに相談できる人はいないのかって聞くんです。すると、配偶者がいたり、家族がいたり、仲の良い友達がいたりと、決して一人じゃない人が多いです。でも、相談はできないっていうんですね。

なぜかと聞くと「恥ずかしい、重い話をしたくない、家族に深刻な話ができない」といろんな理由を言うのですが、だいたいみんな同じです。

なんとなく言いにくいだけです。

なぜかというと、みんな、こういうことに悩んでいるのは、自分だけで、他の人たちは幸せそうに生きているからと思っています。だからなかなか自分だけそんな暗い話はできない、空気が自分だけ違うからそれを見せたくない。そんな風に感じている人が多いです。

多いというか、正直に言いますと、全員そうなんです。

全員何か恥ずかしがっているんです。自分が悩んでいることを。

悩んだりすることは普通である、となんとなく言葉では言いますよね、人にもそう言えちゃうじゃないですか。でも、実はそう感じていないんです。悩んでいるのは結局自分一人だけで、そんなところを人に見せるのは恥ずかしい、人間として劣っているように見える。そのようにやっぱり感じているみたいなんです。

とてもじゃないけど、家で実はずっとインターネットをして、自分が鬱の特徴を持っているかどうかをまとめサイトで調べてばかりいる、人とうまくやれないことで悩んでいて、人間関係がどうすればよくなるのかをまとめ攻略サイトを見ている。しかも、ちょっとじゃなくてずーっと見てしまっている、なんて言えません。そんな自分を見せるのが恥ずかしいんですね。

でも、正直言いますね。

そうやって悩んでいる人は——もうここでは何度も言っているような気もしますが——みんなです！

みんなどこかしらそうやって自分のことを悪く言っています！

完全に自分のことを肯定している人はほとんどいないんじゃないかと僕は思ってます。

なぜそんなことがわかるかというと、みんな僕のところに電話をかけてくるからです。

みんなに聞くと、これは誰にも言えないと言うわけです。しかし、僕はその言葉を何度も聞いてますので、もうすでに知ってます。しかも、その相談の内容、悩みの正体というのも、うまく人と付き合えない、仕事がうまくいかないなどで、源流をたどればどの相談もほとんど同じことを言っています。

それは**自分にダメ出しをしている**、ということです。

このことについてもすでにヒントは伝えましたよね。ホックニーの言葉です。

「自分に深刻になるな、作品に真剣になれ」

自分のことをすべてではないにせよ、でもその一部分だけは完全に否定している。みんなそんな状態です。だから、誰にも言えない、ここだけの話と言いながら、彼らは僕に伝えるのですが、実は僕はそれが何かを知っていますし、そうじゃない相談は一つもないと断言できるほどです。

これって発明というか、なんというんでしょうか。真理でしょうか。

そんな言葉を使っちゃいけませんね。でもそう呼びたくなるくらい、**みんな同じことを悩んでいる**のです。しかも本当に誰にも言ってないのです。でも、みんなが悩んでいることは、もはや悩みじゃなくて、人間なら誰しもそうあるものだ、と認識した方が建設的だと思うのが普通の感覚だと思います。でも、誰にも伝えていないから、こんな普通のことがうまく世の中に伝わっていかないのです。

私がこのワークショップをみんなと一緒に実践した理由がこれなんです。

私はすでにこの世に悩みというものがあるのかすら、わからなくなっています。

それをみなさんと一緒に共有したいと思ったわけです！

光太郎くんだけでなく、今、ここにいる多くの人が、初めて他の人の誰にも言えない悩みに直に触れるという、私が毎日味わっている状態を経験して、気づいたと思います。

なーんだ、そんなことなら、早く言ってくれたらよかったのに！　って。

自分の薬をつくる、なんていう前に、そもそも病気でもなんでもないんじゃないか。私はそう思います。でも、病院に行って病気だと言われた方もいらっしゃるでしょうし、別に私はそれをことさら否定したいわけでもありません。だから、いいですよ。精神的な病を抱えていると思っている方はそれはそれで。でも、同時に、人には言えないことだからといって、それが自分だけの深刻な悩みだとすぐに決め付けない方がいいと思います。

二万件の電話を一人で受けた、今のところの研究結果ですが、**どれひとつとしてその人独自の悩みはありません**でした。結論はすべて、自分を否定している、ということでした。否定する理由は、人と比べて、自分が劣っているように感じるからです。でもこれはもうほとんどすべての人がしているのですから、人間の特徴、もしくは、日本という私たちが暮らしている社会の特徴なのかもしれません。とにかくこのことに気づいて欲しいです。

みんな悩んでいるんですから、もうそれは悩みではありませんよね。

みんなの特徴ってことですよね。人間の特徴、もしくは日本人の特徴ってことかもしれませんね。

それが一体、なんなのかを考えてみたいですね！

（一九人目）高島雅美（たかしま・まさみ）42歳

坂口「どうしましたか？」
高島「友達とか周りの人とかを全員嫌っていて」
坂口「いいですね（笑）、でもそれは友達なんですか？」
高島「友達を作りたいと思ったんですけど、友達になってくれそうな人とかがいると、すぐ嫌になっちゃって」
坂口「なるほど。でもいいんじゃないかな（笑）、でもその人たちはあなたのこと好きでしょ？」
高島「でも私は嫌いなんですよ」

坂口「そうでしょ」
高島「すごいひどいなと思っちゃって」
坂口「まあ、それもいいんじゃないですかね。今、一人も好きな友達いないんですか？」
高島「なんか、いても苦にならない人、不愉快にならない人はいるんですけど一人とか二人とかで、でもたくさんの友達でわーっと宴会みたいなのを……」
坂口「やってみたいんだ」
高島「やってみたい」
坂口「あのね、それは僕も気持ちわかるところがあるんだけど、そうすると、むしろこちらから企画した方がいいかも？　普段は一人が良くて、苦手な人とは一切一緒に居たくないし、友達と思っている人ですらいつも会わなくて良くて、本当時々でいいからね。自分で企画してるよ」
高島「すごい贅沢なこと言おうとしているんですけど……」
坂口「うん」
高島「向こうから誘われたいんですよね」
坂口「なるほどね。それもわかるけど。僕もいつも誘う方だから。仕事の飲み会もないの？」

高島「仕事ではあるんですけどね。でも、それは仕事だからそれなりにするんですよ。ま、付き合いでいろいろ行ったりもするんですよ。でも、普段の生活ではまったくなくて、誘われることもなくて、友達はすぐ嫌になってあわなくなって、このままだと私、孤独死するなあって思うんですよね」
坂口「えー、そうなの？　高島さんは孤独じゃないけどねえ」
高島「えー、そうですか？」
坂口「うん、孤独じゃないと思うけどね。でも、孤独感を感じるんだろうね」
高島「あー。すごい孤独ですよ。引っ越してからさらに」
坂口「今どこにいるの？」
高島「千葉ですね。千葉の外れの海の近く」
坂口「ほー」
高島「誰にも会わないですよ。ずっと一人で家にいますもん」
坂口「ちょっと見たところ、あなたは都会にいた方が合ってるかも？」
高島「そうですか？」
坂口「ちょっと都会に戻ってきてもらってもいいですか？」
高島「そうですか（笑）」

坂口「千葉の外れはちょっと無理かも。いい感じのカフェとかないときついんじゃないですか？」
高島「きついですね」
坂口「ビオワインを置いてある店とかないと、無理じゃないですか？」
高島「今はサイゼリヤ行ってますね」
坂口「あの、高島さんはサイゼリヤやめといてもらっていいですか？」
一同「（笑）」
坂口「高島さんは、生活水準はそんなにあげなくていいんですけど、あげると大変なんでね、でも、だからといって田舎に引っ込むんじゃなくて、感じがいいところを探した方がいいですね。住むのはお店がたくさんあるような都会に、それでも値段が高くなくて、感じがいいところ見つけるの得意じゃないですか」
高島「ですね」
坂口「引っ越しましょう！　自分が一番好きな喫茶店ありますか？」
高島「最近見つけたんです」
坂口「じゃ、そこの近くに引っ越しましょうね。高島さんは都市がいいですね。困ったら電話で」

高島「はい」

＊

高島さん

症状：みんなで宴会をしたり、誘われたいと思うのに、周囲の人をつい嫌ってしまう。

理由：人からの影響を受けやすい体質なのかもしれません。彼女は私と同じように躁鬱病と診断されていました。

対策：自閉しつつ多様な刺激を送り込む。あんまり人里離れた田舎は向いていないから、もう少しせわしい所の方が逆に安定すると思います。

▼「自閉」という方法

高島さんは僕と同じ躁鬱病であるとのことで、なかなか人付き合いが難しいようです。これは僕にも思い当たるところがたくさんあるので理解できます。予定を立てても、その日調子が悪かったりすると、断ってしまったりするので、良好な関係を結ぶことが難しいんですね。

僕の場合は、嫌われる人にはいつか必ず嫌われてしまうのだから仕方がない。だから早めに嫌われても大丈夫。あんまり気にするなと自分で声をかけてます。自分で声をかけるのは大事ですね。ここで自分を否定するようになってしまうとどんどんこじらせてしまいます。

もちろん、人は大事です。人間は孤独では生きていけませんから。でもですね、なかなかに人間というものは厄介な存在でもありまして、家族だからと言って、みんな優しいわけではありません。ついつい向こうがイライラしていると、こちらに八つ当たりしてくることもあります。そうやって、知らずに傷ついてしまうのも避けたいところです。

そこで私は「自閉」という方法をうまく活用してます。今回、何度も出てきました、この自閉という方法について、もう少し考えてみることにしましょう。

自閉というと、悪い言葉に聞こえます。誰からも避けて、人付き合いをしないことは、この社会で生きていくには悪いことだという既成概念があるからです。しかし、調子が悪いとき、もしくは調子が良すぎるとき、むやみに人に会うことが本当にいいのかというと私は疑問に思ってます。それよりも一人でゆっくり時間を過ごした方がいい時もあるんです。
人間関係のことを気にするあまり、調子が悪い時ですらついつい人に会おうとしてしまいます。しかし、こういうと何ですが、本当に大事な人、理解してくれる人でなければ、人間は有害なものにもなりうるんですね。なぜなら、あなたのことを考えて、接してくれる人ばかりじゃないですから。調子が悪い時に、そんな人に会ってしまうと文句を言われてしまいます。そうすると、こちらもイライラしてしまいます。イライラした時は、人目を避けてくれるとありがたいのですが、イライラすると、人は一人になるより、さらに人に会って八つ当たりをしてしまいがちです。

ということで、自閉という方法はとても大事なサバイバル技術だと私は思うんです。ずっと自閉するわけではありません。調子が悪いとき、もしくはとても調子が良い、良すぎるときに自閉するんです。人に会うだけで、実は相当エネルギーを使ってますし、必然的に気も使います。できるだけそういう力を使わないようにすると、楽です。

そんなわけで、私は基本的に毎日あまり人には会いません。

でも誰にも会わないわけではありません。安心できる人にだけ会います。私の場合で言うと、近所に住んでいて、私が仕事ができる唯一の家以外の場所でもある橙書店の店主田尻久子ちゃんにはどんな時でも会えます。彼女は私に文句を言いません。だから安心して会うことができます。そして、私が自閉という方法を使っていることをよく承知してくれてます。だから会うと言っても数十分だけです。五分だけ話して帰る時もあります。それも理解してもらってます。調子が悪い時、私はそれで満足します。あとは外を散歩して、誰にも会わずに家に帰ってきます。これだけで、自閉しつつも、できるだけ開放した気持ちで生活を送ることができます。

なので、自閉するときは、同時に、信頼する仲間を見つけることが重要になってきます。誰もいない人は、いつものように私に電話してみてください。電話だけでもいいんです。私もよくこの方法は使います。体と体が会うということが疲れるのです。人間にとって栄養にもなりますが、疲れる原因にもなります。だからこそ、自閉という方法を積極的に使って、時折休みを入れることで、完全に引きこもってしまい、人々と連絡を取らない毎日を送るみたいなことを避けてみてはどうでしょうか。

さらに、これは躁鬱病の人に当てはまることだと思うのですが、できるだけ静かな生活をしたいと思って、人里離れたところに引っ越したりするのはあんまり良い方法とは言えないと思います。できるだけ刺激は入れておいた方が脳みそが楽になります。

もちろん人に会いすぎると疲れるのですが、そうではなく、一人でただ街を歩くという方法がよく効くのです。**多様な刺激を脳に送り込むこと**、と精神科医の神田橋條治先生は言います。本当に何でもいいです。むしろ無駄なことの方が役に立つんです。ちょっと寄れるお店があること。ざわざわしているところにちょっとだけ寄ること。何か一つのことに集中するよりも、あっちに行っては何か少し見て、こっちに行ってはまた別のものを物色する、みたいな行為が効きます。何かに集中したいと思って、田舎に引っ越したり、役に立たないと思って人付き合いや不要な散歩などを減らしたりすると、逆に刺激が少なすぎて、元気が無くなっていくようです。

自閉しつつ、多様な刺激を脳みそに送り込む。

この一見、矛盾している行為を同時に実践すると、私の場合はですが、不思議なことに体はとても楽になります。自分だったらどうやってみたらいいのかって考えるのを楽しんでみてはどうでしょうか。

（二〇人目）時田覚（ときた・さとる）38歳

時田「はじめまして」

坂口「見た感じなんの問題もなさそうだね」

時田「ですね、ないですね」
坂口「なさそうだもんね」
時田「えー、演劇をやってまして、今、台本が書けないんですよね」
坂口「自分のこと書いたらいいんじゃないかね」
時田「前まではそれでできてたんですけど、そうやってできた台本を人にやってもらうということに違和感を感じてまして、そうじゃない書き方というものを試したいと思ってたところに、今日、頭の中に浮かんでいるものを見えているままに書いているという坂口さんの話を聞いて、それは面白そうだから試してみたいなと。イメージ自体はあるみたいなんですよね、僕の体の中にも」
坂口「イメージがあるんだ。なるほど、じゃ試してみてもいいかもね。コツは毎日、同じ時間帯に同じ時間だけ書いていくといいよ」
時田「そのイメージは日付をまたいでも連続してるんですか?」
坂口「それは今の現実の時間の感覚だからね。時間が連続しているってこととか、一日が二四時間であると勝手に決めていることとか。この現実と連動させる必要はないと思うし、それをやっちゃうと逆に不自然な現実っぽいものにしかできないと思う。こちらで作っちゃだめだから。とにかくそこで起きていることをただ見て、できるだけ今のこの現実のことをほとんど知らない赤ん坊みたいに見て、あなたの体の中のイメージ、つまりこれも『**別の現実**』ってことなんだけど、そこの現実で生活している人として書いていったらいいよ」

時田「はい」

坂口「そこに向き合うと、やっぱりわけがわからないって最初は思っちゃうのよね。だって全然違う現実だから、意味もわからない、意味がないってどうしても思っちゃう。別の現実にとっての何かの意味はあると思うけど、そっちで起きていることがすぐ今の現実にとって何か役に立つわけではないから。そもそも役に立つと考えることもおかしいんだけど、ついついそう考えちゃう。

でもそういうことに引っ張られないで、とにかくそこで起きている自然をそのまま描くことで少しずつ今の現実とは別の現実、つまり、『**それが書くことの本質**』なんだけど、それが形を持ちはじめていくよ。その時に必要なのは、励ましてくれる人。励ましてくれる人が一人いればもうそれで十分。それが女の子だったらさらにあなたにとっても励みになるだろうけど、誰もいなかったら俺でいいんじゃない？」

時田「じゃあ、ぜひ」

坂口「じゃ、書いたらその都度メールで送って。処方箋、メールアドレス書いとくから。あとはあなたは何も問題ありません！　書いていく時に励ましてくれる友だちが必要なだけ。しかも、その友だちに僕がなるので、探す必要もなし！」

時田「ありがとうございます」

＊

時田さん

症状：演劇の台本が書けない。

理由：書きたくないから。でも、別の書きたいことが湧き上がってきているからかもしれません。

対策：台本を書く、という風に決めずに、目を瞑って、そこで見えるものをそのまま素直に書いてみるということからやってみましょう。

▼書けないとき、つくれないとき

後半に差し掛かってきて、もうみなさんの悩み自体は、不思議なことに溶けてなくなってしまっているような気がします。あ、みんなそこは同じなんだ、それぞれが個別に抱え込んでいると思い込んでいた「悩み」だけは同じなんだ、と気づいたような感じなのかもしれません。

私もこのように人前で人々の悩みを聞きつつ、対応策を伝えるという試みは初めてなので、まったく何も予想できませんでしたが、待合室から誰もいなくならないように、みんなすべての人の声を真摯に自分のこととして耳に入れているように、ホワイトボードの向こうは見えませんが私自身も感じてました。だから聞いてくることも、とてもシンプルになってきましたね。自分の薬を自分でつくるということが、つまりは日課を生み出すことであるという考えが浸透して、私もやっていて心地よさを感じています。

彼も入ってきた時点で、すでにもう悩みは霧となってそこら中に散らばってしまっていたようです。台本が書けないとのこと。こういう「書けない」ときというのはどういうことなのでしょうか？　それは**単純に書きたくないとき**なんですね。はっきり言えば。書きたくないけど、演劇などの場合は日程を決めて、先に劇場を取ってしまっているので、書かなくてはいけないんです。だから浮かばないわけです。

無理に生み出そうとしても無理があります。だからといって、実は書けないわけではないんです。書きたくないからといって、本当に何も書きたくないわけではないんです。書こうとしているわけですから。つまり「それは」書きたくない、でも「違うもの」を書きたい。そのことに気づくことが重要な気がします。

みなさん何かに取り掛かっていて、うまくいかない、何も浮かばない、ということがあるじゃないですか？　その時に書きたくないんだ、自分には書けないんだ、とすぐに思ってしまうでしょうが、実は違うんですね。椅子に座って机に向かって、書こうとしている状態、そう体が向いているわけですから、実は何かは書けます。ただそれが、書かなくてはいけないものとは乖離している状態で、書かなくてはいけないものは書けないし、書きたくないんですね。でも体は机に向かっている。彼もそうです。書こうとはしているんです。でも台本が書けない。

このまま台本を書かなくちゃいけないと思って、やり続けると、どんどん疲れていきます。どこかには進みたい。エンジンは温まっているんです。でもその方向には進みたくない。そこで、どの方向でもいいから進ませてあげたらいい。そうすれば体という乗り物は心地よくなります。でもただ動かすだけじゃ、今度は自分自身が心配になってくるんですね。こんなことやってていいのかと。

しかし、こういうどうにも先に進まない時こそが、一番違うものが生まれているときなんですね。私の言葉で言うところのこれが「別の現実」なんです。実はそれが膨張している時なんです。もちろん、もともと別の現実は存在してます。しかし、普段私たちは何気なく生活していて、今の現実だけが存在している、他の現実などないと決め込んでいるので、他の現実たちはすべて鳴りを潜めています。

そうなんですが、他の現実たちはそれですべて姿を消しているかというと違うんですね。今の現実のありとあらゆるところに実は姿を変えて存在している。夢に出てくる世界、これも他の現実が夢という姿に変わって今の現実に存在しているわけです。

他にも映画の中の世界、テレビの中の世界、インターネットの世界、それに演劇だってそうでしょう。時折顔を出す妄想や夢想、昔話、思い出す記憶の世界だってそうなんです。私たちは実は今の現実の中ですら、姿を変えた無数の他の現実と触れ合っているんです。でも、それは他の現実とは言いません。フィクションの世界と言ってます。

テレビドラマの終わりに「このお話はフィクションです。実在する人物、団体などとは全く関係がありません」とよく書かれていますよね。それはすべて空想の世界だというわけです。そうやっておまじないを唱えることによって、現実以外の世界を封じ込めているわけです。でも同時に完全に封じ込めてはいませんね。わざわざ明記する必要があるように、ついついそのフィクションを別の現実だと、実在する世界だと勘違いする人びともいますから。まあ、私たちは普段からこのようなまどろっこしいことを延々とやり続けているんです。

書けないとき、創造力が枯渇しているわけではありません。

実は、その逆で、これまで封じ込めてられていたはずの他の現実がむくむくと大きくなってきているときを示しているのではないか？　ということが私が経験から導き出した今のところの結論です。

創造力というものは枯渇しません。なぜなら、創造力というものは単にゼロから有を生み出すという人間の行為ではないからです。そうではなく、フィクションの世界は実のところは別の現実そのものであるわけですから、**創造力とはすなわち「今の現実だけが現実ではないとちゃんと認識する力」**なんです。もちろんその力にはそれぞれの人によって違いがあります。ですが、力の強弱というよりも色の違いに近く、だからこそ枯渇することはありません。

書けないということは、フィクションにする力が弱まっている、つまり、普段は封じ込められているはずの別の現実が、今の現実に匹敵するようなほど大きくなっていることを示しているんです。だから書けないわけではないんですね。フィクションとしては書けないというだけです。

だから、もう体の中でうごめいているままにそのまま嘘もつかず、戯曲にすることなく、書くしかないわけです。

台本を書くときは、常に遠くに自分がいて、プレイヤーを動かすように第三の視点に立って書いていくわけですが、その方法が取れないわけです。

もう自分がそのままダイブして、視界も狭いまま、どうにか手探りで書いていくしかないんです。

だからそれは台本というよりも、台本なのか小説なのか、なんなのかさっぱりわからない文章の羅列になるんだと思います。

とても舞台上で演じることができるようなものではないかもしれません。

でも、それでいいんです。

それは私たちが普段フィクションというおまじないをかけて安心できるような代物ではないかもしれませんが、きっと彼にとって本当に書きたいものであるからです。それを出すことができたら、他のことはなんでもできます。もちろん他のことをやる気になるかどうかはわかりませんが（笑）。別の現実のことをその自然のままに書くようになったら、他のフィクションがどれも生ぬるく感じてしまうでしょうから。

というわけで、彼は何か悩みが解消して、というか、そんなもの初めからなかったんだと気付いたような晴れ晴れしい顔をしていたので、次の段階に行く薬を処方してみました！

健闘を祈ります！

坂口「時間はまだありますかね？」
看護師「そうですね。あと二名です」
坂口「はい。もう予定の時間は過ぎてるんだよね？」
看護師「そうです。もしも、次の用事がある方は先に帰ってもらった方がいいかもしれません」
坂口「そもそもそこは待合室なんだから、診察が終わったら会計済ませて帰ってくださいね」
一同「（笑）」
坂口「はい、では次行きましょう。静永さん」

（二一人目）静永友子（しずなが・ゆうこ）28歳

静永「私は会社員をしながら、絵を描いているんですけど」
坂口「うん、いいね」
静永「絵を描いていると、ま、もちろん楽しいという気持ちもありつつ、なんだろな、すごい辛い気持ちになることもあって、会社行ってるとその会社に行ってて大事にされること、評価されること、たとえば売り上げを上げることとか、そういうことと今自分が絵を描いているってことがあまりにも対極にありすぎて、混乱するっていうか、どっちに世界があるのかって」
坂口「その二つがあなたの世界だからねえ。だから絵を描いている世界の方にも相談できる人が一人いれば良さそうだけど。誰もいないなら、僕がやりますね。それ普通のことだと思うんだよね。悩んで、描けなくなることって。そして、そういう時があった方がいいし、まったく手が動かなくても何もしてないわけじゃなくて、頭で考えてたり、体を動かして何かつかもうとしてたりする。でも一方で直接成果が目に見える必要がある会社での仕事をしていたりすると、

ついつい、なんで私は絵なんか描いてるんだろうと自問自答してしまう。絵だけでなくて、何かを作るってことはなかなか成果は見えないし、そもそも成果とかじゃない。形は見えないし、何を掴んだのかもわからない。でも色を組み合わせて、絵の具を塗り重ねて、自分の感情なんか遠く飛び越えちゃったところに向かおうとすることこそあなたの営み、働きとして大事なんだと思うよ。ところが、こんな大事なことなのに、相談できる場所がない。だからついつい、絵を描くことはちっぽけなことだと思うのかもしれない」

静永「うん」

坂口「つくるのは当然のことだから、どんどんやったらいいよ。つくる時に『なんでこんなものをつくるんだ？』みたいな、人からすると『なんで私は生きているんだ？』みたいな『そんなことを考えてバカなんじゃないの？』ってことを考えていることを喜んだ方がいいかもよ」

静永「うん」

坂口「これは哲学者が悩むことなんだと思う。芸術家が考えることなんだと思う。そのことを悩めていることが幸せだよね……ってことを人から言われたら、ちょっとは意味通じる？」

静永「通じます！」

坂口「いいね（笑）。だから共感する人がいればいいってことなんだと思うよ」

静永「はい」

坂口「それは僕ね（笑）。まずね。つくる時に理解者は絶対一人必要で、一人いればもう十分だと思うんだけど、それを見つけるのって難しい。なかなか見つからない。だから補助輪みたいに常に僕を数に入れといたらいいんじゃないかな。それで一人確保だから一応安心すると思うのね。その状態で日常的に会える人の中でそういう人をゆっくり見つけたらいいんじゃないかな。

僕にも、今、毎日原稿書いて送る人がいるけどその人は出版社とはなんの関係もないからね。仕事とは別のところで相談している。なんで生きてるんだろうって真剣に悩んでるよ僕も。それを、つくることで、何かあらわそうとしている。もう恥ずかしいとも思わない。でも、頭の中だけでぐるぐると考え続けるんじゃなくて、つくる、つまり、外に出すようにしている。そして、それを一人の理解者に送り届けてる。絵を見せてる人いる？」

静永「います」

坂口「バッチリじゃん。じゃあ、毎日送っちゃったら？」

静永「そうですね」

坂口「僕も原稿を送る人は一人だけど、毎日絵も四枚描いてて、その絵を送る人も別に一人いるよ。会社に行くことだけが習慣になりすぎて、絵を描くことが圧迫されてるのかもしれないから、どんなに小さくてもちょっとずつでも絵を毎日描いてみたらどうかな。そして、それを毎日、絵を見せられる友人に送ってみる。その時に悩んでいることだって、伝えてみたらいいよ。自転車を漕ぐようなイメージで。ペダルを漕ぐのが、つくることで、悩むのが風景を見るってこと。同じ風景を見続けてたら、やっぱりどうしても煮詰まってくる。だからペダルを漕ぐのはやめないで。つくることを続けてたら、毎日違う風景になる。それって悩みが尽きないってことでもあるけど、ペダルを漕げば違う悩みにぶつかるとわかると、悩みが風景というものに変わっていくと思うよ。ぜひ試してみてください」

静永「わかりました」

坂口「問題ないです！」

＊

静永さん
症状：会社で働きながら、絵を描いていると時々混乱する。
理由：絵を人に見せてないから。
対策：定期的に絵を見せて話ができる人を見つける。いない場合は迷わず私に送る。

▼聞いてくれるひと、見てくれるひと

困ったらひとまず私に電話してみる。電話番号は090-8106-4666です。

絵を見せる人がいない、作った歌を聞いてくれる人がいない、書いた文章を読んでくれる人がいない。そういう人は、探すのに疲れてしまうくらいならまず僕に送っちゃっても良いと思います。

外に一度でも出すと、次はどんどん出しやすくなります。別に商品にしなくても良いんです。そんな必要はない。でも、出す必要はあるんです。つまり、人に見せて経験してもらうということです。別の人に自分が作ったものを経験してもらう。なぜかというと、一人で作っていると、何がなんだかわからない。そのわからなさに慣れていないと、そのわ

からなさに対して悩んで、手が止まってしまうんですよ。

　これは大変もったいない。そんな時に人に見せると、変わってきます。もちろん、頭ごなしに否定してくる人に見せたらだめですよ。興味を持っている人に見せましょう。すると、何か反応してくれる。もちろん、わからないと言われることもあります。ところが、反応してもらってなんと言われるかは気にしなくなります。それよりも、他の人に見せることで回路が伸びていく感覚の方が発生します。それが重要なんです。窮屈じゃなくなるんですよね。

　悩みなんかもそうです。人に口にすると回路が発生して楽になる。でも悩み相談だと、受け取った方も何か解決のために言葉を伝えようとします。そこには意味が発生します。しかし、絵などの作品を人に見せると、見せられた人も簡単には言葉には置き換えられないですから「なんか良いね」とかしか言えません。そこに意味ではない、やりとりが生まれる。このことが大事なんじゃないかと私は思ってます。

　そうすると、わからないってことでどんどん悩まなくなっていくんですよ。わかる、わからない、じゃないんだということを実感できていく。わからなくても手が止まらなくなるんです。そうすると、わからない、ということが袋小路じゃなくなりますので、窮屈ではないんですね。そのためには、まったく別の回路の声が必要になるんです。それが人に見せるという効能です。

　私自身はこれを生活全般に広げてます。私は文章を書いて、橙書店の久子さんに送り、絵を描いて、ギャラリストの旅人くんという友達に送り、セーターは編み物を教えてくれた九〇歳のアッコ先生とファッションデザイナーの清水くんに見せてる、陶芸はタカヨシと石井ちゃんという二人の陶芸家と、坂村さんという骨董屋の店主に見せてます。

　こうやって、やっていること別に見せる人を変えてるんですね。そのおかげで、全然別の回路の会話が交差していくんです。それがどう効果があるのかと私は具体的にわかっているわけではありません。でも、そのおかげで、生活の幅が広がっている、という感覚が強くなります。窮屈ではなくなるんです。

　どんどん私は仕事に集中しなくなりますから、中途半端な仕上がりにはなっているかもしれません。つまり、芸術家としてみた場合は、技術向上のために一つに絞って、ちゃんと作品の質を上げていった方がいいのかもしれませんが、どうも私はそれだと窮屈で体調を崩してしまうんですね。そうじゃなくて、いろんなタイプの人と付き合って、全然違うことを一日のうちに色々考える、ということが平穏につながるみたいなんです。

　そして、そうすればするほど、わかるわからない、という判断の基準はほとんどなくなります。心地いいかよくないか。面白いか面白くないか。楽か楽じゃないか。そんな感じになります。下手にはなるかもしれません（笑）。でもそこが問題じゃないんですね。自分の薬を作るんですから。死ぬまで健やかに作り続けるにはどうするかってことが私にとっては一番大きな関心ごとなんです。そして、このことはあんまり誰も考えていないのではないかと思ってもいますし、みんなにも有効なのではないかとも考えてます。そして、そうやっていろんなことに興味を持つことが私は得意なので、誰からの電話もだいたい受けることができるようです。

ぜひみなさんもあっちフラフラこっちフラフラフラと、そのつどその場所で親しい人を見つけて、多彩に多様に中途半端に（笑）、充実してみましょう。体はとても落ち着くはずですよ。わかるように体を動かせる。効率よく一つのことだけに集中させる。そういうやり方は、逆に疲れるんですよ。肩が凝るっていうか。

命をかけて、楽に楽しくやりましょう。

（二二人目）永里悠道（ながさと・ゆうと）25歳

永里くんが診察室に入ってきて顔を見て開口一番、

坂口「あ、問題ないね！」
永里「問題ないです！」
坂口「むしろ、僕が困ったとき助けてほしい」
永里「電話してください」
坂口「悠道は幸せ者、って書いとくね」
永里「ですね」
坂口「診察するまで長くかかったけど、最後の診察で逆に良かったでしょ？」
永里「良かったです。みんなのを知って、言い方悪いですけど、ホッとしたっていうか」
坂口「こんなの聞いたことないでしょ？」
永里「いや、ないっす」
坂口「ないんだよね。僕、『いのっちの電話』でこれやってるんだよ。よだれが出るような情報でしょ？」
永里「面白そうっす」
坂口「しかも毎日やってるからね」
永里「いいっすね」
坂口「これなんですよ。僕がやってるのは。みんな、人の悩みを聞くなんてそんな辛いことをどうして八年も続けてるのかって思ってたでしょ？」
永里「そうっす。でも今は自分もやりたいくらいです」
坂口「ということで、お疲れ様」
永里「はい、困ったらいつでも電話してください」

＊

永里さん
症状：なし。
理由：なし。
対策：問題ない。

＊

坂口「ということで、皆さんお疲れ様でした。これで演劇を終わりますね。最後に一曲だけ歌いましょうかね。今、即興で歌を作ってみましょう」

（歌）

声が
声となって
声となって
川に
流れる
声となって
声が
夢となって
夢となって
流れる
星となる
流れる
流れる

声となって
声となって
流れる
川となる
君の声を聞いた
あの夕方聞いた
公園
あの夢の
公園に雨が
今
声となって
公園にいる僕
声となって
笑う

STAGE: 03

まとめ――私たちにとって最良の「薬」とは

さて、いかがだったでしょうか？　最後はみんな「薬」が必要ではなくなったような気がします。というか、今日初めて出会ったにもかかわらず、みんなでいること自体が薬となっていたような空間になっていました。それはみんなが「声」にしたからですね。

私の診察室では病名というものがありません。僕は病名を見つけたいわけではありません。

今、通常行われている病院の診察では、すべて何らかの病名が言われます。

目に見えるものであれば、納得ができますが、風邪と言われても、一体、では風邪とは何かと考えても、医者ごとで違いそうですし、明確なものはありません。しかし、風邪と病名がつけられる。それは精神科の現場でもそうだと思います。病名を確定することはできないはずですが、ある程度、確定されつつ、それによって薬が処方されます。もちろん、それで治る人もいますし、私自身通っていますので、否定しているわけではないのですが、私がやっている「いのっちの電話」には、何年も病院に通っているのに、なかなか治らず薬を飲み続けて、副作用もひどくなっている人が困ってかけてくるというケースが多く見られます。

私自身も躁鬱病と診断され、それで薬を飲んでいましたが、それでもなかなか治らなかったので、これはなんとかしないといけないと思い、自分で薬をつくりはじめたのです。

診断されたのが二〇〇九年で、今原稿書いているのが二〇一九年の一二月ですので、一〇年が過ぎていきました。大変ではありましたけど、その間に、自分の薬のつくりかたのようなものを少しずつ身につけていきました。その甲斐もあってか、毎年、冬になると特に色々行事も多い一二月は毎年鬱で苦しんでいたのですが、今年は穏やかな気持ちで大晦日を迎えることができそうです。

もちろん病院に通っていることも助けになってはいるんだと思います。それでも自分で作り出した薬の効果が一番効果的で、何よりも自分の自信に繋がっています。**自分でつくれる、自分で治療ができる、と思えるこの感覚**はなんとも言えません。

そのために、まず私がやったのが、**病名をつけない**ということですね。もちろんすでに診断はされていましたが、それでも医師からの命名で完全に自分を決めていくのではなく、自分からも「声」を出すということなんです。

誰かに自分の症状や辛さを訴えるための「声」ではないんです。誰かを納得させたり気づかせたりすることが目的ではないんですね。

そうではない「声」。

自ずと出てくる声。

私の場合で言うと、

「その日の気分で興味関心が移ろっていく」

「一点集中するよりも、ながら作業をしながらあれこれやっていた方が進む」

「大勢で飲むのは苦手だけど、一対一で喫茶店などでゆっくり話すのはとても好きだし、気持ちが落ち着く」

「人前に出て、舞台に上がって一人で話すのは好きだけど、実は普段は一人でいる方が楽」

「やりたくないのに、付き合いとかでやらないといけないものがあると、数日前から体調を崩すので、そういうものははじめから行かないと決めていた方がめちゃくちゃ楽」

「飲み会によく行っていたが、実は飲み会そのものに関心がなく、早めに家に帰ってきて夜九時に寝るようになると、穏やかに過ごせる」

「家族といえども、人のペースに合わせるのが苦手なので、とにかくまずは自分のペースで動くようにした方がとにかく楽。だから朝型生活に切り替えて、家族が起きてくる頃に仕事を終わらせるようになった。終わらせたらストレスを感じないので、今度は人のペースに合わせることができる。ご飯を食べる時間なども、他の人がダラダラしていて時間が遅れてしまうと落ち着かなくなるので、時間を決めて、他の人がダラダラしていても、一人で食卓で食べた方がとても楽。他の人も気にしないでいいことを知ったらとても楽そうに見えた。寝るときも川の字でみんなで寝ていたが、寝る時間が他の人は遅いので、自分の部屋で夜九時に寝るようにすると、ストレスがなくなった」

「人に会うのが好きだと思っていたが、実は人に会わずに電話で対話するくらいがちょうどいい」

「午後三時から午後六時までの光を浴びると、なぜか落ち込んでしまうので、まったく光を浴びないようにアトリエにカーテンを閉めてこもって絵を描くようにしたら、一切落ち込まなくなった」

「土日は子供たちが休みだから、スケジュールを変えていたが、それだと自分が疲れてしまっていた。そこで、毎日の日課を土日も変わらず続けてみたら調子がよくなった。朝一〇時からお昼三時までは土日でもフリータイムにしているので、その時間に子供と遊べば、子供達も満足してくれて、両者ともストレスがなくなった」

「妻が常にいる台所で、自分が手伝おうとすると、うまくいかなかったが、台所も自分もやりやすいようにセッティングしなおして、手伝うというよりも、自分のペースで一人で料理をするようになったら、むちゃくちゃ楽だったし、料理の楽しみを覚えた。そうすることで、台所の掃除も積極的にやるようになった。同じことで、妻の畳み方で洗濯物を畳もうとしてもうまくいかなかったが、自分の方法でいいと知ると、どんどんやれるようになった。そうやって一人でやることで手伝えることを知ったら、とても楽になった」

「休み時間ができると、とにかく横になって心臓を休ませると、体が楽になった。躁鬱病というよりも、これは心臓の鼓動の問題だなと知っていった。躁状態と呼ばれるときは鼓動が早くなり、うつ状態と呼ばれるときは鼓動が遅くなっていた。横になるのは、どちらの時でも心臓の鼓動を安定させるとても良い方法だと知った」

このような細かいことを、一つ一つ声にするようになっていったんですね。**自分に対して声をかける**ような感じです。

そして、そのことが体に入っていったら、まわりの人に伝えるようになった。すると、まわりの人も、あ、そうなんだ、わかったよ、と受け入れてくれた。躁鬱病と診断されてから、色々本などを読んで、自分の病気を研究しようと思ったんですけど、なかなか自分に合っているものが見つからなかったんですね。でも渡される薬はみんな同じ。それがとても不思議で、どういうことなんだろうかなとずっと考えていたんです。

私は、言葉にするのが仕事ですから、それが良かったんだと思うんですけど、なかなかうまく伝えられない、言葉にしようとしてもしにくい、みたいな私が感じている違和感とか、やってみたいことを少しずつ声にしていきました。本当に細かいことですが、私にとってはとても重要なことで、それをするだけで、調子がよくなっていきました。他の人に聞いてみたら、妻だって「なんだー、それなら言ってくれたら良かったのに〜」って言われました。みんなと一緒の時間帯、スケジュールで過ごすと疲れてしまうことも、嫌じゃなかったみたいです。というか、はじめから知ってた、と。でも、私は実はあんまりわかってなかったんですね。声にしてはじめて理解したという感じでした。

声にすればするほど、私は自分が病気というよりも、**少しだけ特徴のある体である**というくらいに思えるようになっていきました。かつ、自由に動かしてあげたら、いい動きをするんじゃないかと思えるようにもなっていきました。病気というマイナスなものを薬で戻すってよりも、快活に動いていた自分が動けなくなっている時に、うまく声をかけてより動けるようにしてあげるという感じです。**元に戻すのではなく、また別のいい道を見つ**

けてそこを歩きはじめるみたいな。

そうやって声にしていくと、自分の体が【鬱】―【正常】―【躁】という一直線上ではなく、もっと球体といいますか、球体として固まってもおらず、大気みたいな状態なんじゃないかと思えるようにもなっていきました。そうやって全体的に見るようになった。

病名をつけるという行為は、やはりこの一直線上に人間を持っていってしまう。もちろん、これは全然見も知らぬ他者である医師が患者を治療する時には有効なんだと思います。しかし、取りこぼしているものがあまりにも多すぎるのかもしれません。そして、声にならない声は、そこにあるのに、音になって外に出ていけませんから、体の中でぐるぐると濁ってしまっているように私には感じられました。そうやって、苦しんでいる人が「いのっちの電話」にかけてきているのではないか、そう私は考えるようになりました。

「いのっちの電話」で話すと、まずみんな声になりません。

なんだか知らないけど、苦しいと言います。もやもやとしているものが、くるしい、という四文字になっているわけです。パソコンで言うと、圧縮したＺＩＰファイルみたいなものでしょうか。「いのっちの電話」ではそれを一つ一つ解凍していく必要があります。声にならない声を声にするわけですから、それは私が普段小説を書いている時に近い感覚です。それを「いのっちの電話」をかけてきた人が自らできるようにサポートしていく、それが「いのっちの電話」で私がやっていることなんだと思います。

まず主人公がいます。それは電話をしてきている当人です。その人が今、苦しんでいる。どう苦しんでいるのかを声にしてもらうのです。これもアウトプットということだと思いますが、ほとんど現代ではアウトプットができていません。インプットだけは果てしないものがあります。彼らはほとんど自分の症状について、あらゆることを調べてはいます。自分がどんな病気なのかが気になるわけですね。だからこそ大量のインプットを行なってます。

しかし、その大半が当然ですが、その人のことは一切無視して書かれています。だから合うものがないのは当たり前ですが、インプットしかないと思い込んでいるために、その限られた情報源から自分がなんの病気なのかを、自然と決めてしまってます。だから、まずはその硬くなってしまっているところをやわらげていく必要があるわけです。医師が病名を伝えるのも無理はありません。硬くなりすぎて自分で思い込んでしまっている時に、医師の言葉はある意味救いの言葉になるかもしれないわけですから。しかし、果たしてそれでいいのだろうかと私は思っています。

だから私は、電話をかけてくる人が、どうにかして、自分を病名で呼ぼうとするのを、一つ一つ聞き直していきます。それこそ私はうつ病ですというわけです。しかし、聞いてみると、やりたくもない仕事をやらされていたり、しかも安い賃金で、さらにそれを相談する仲間がいない、なんてことが見えてきます。それはうつ病である前に、やりたくないことをしてしまっているわけです。じゃあそれをやめましょうと言いたいところですが、仕事ですので、生活のこともあるので、私は、では反対にやりたいことはなんですか？と聞き直していきます。

しかし、「やりたいこと」、というアウトプットに関しては、やったことがない人がほとんどのようです。だから声が出ません。「えっと、えっと」と何度か言いよどんで、最後に「やりたいことがないんです、それが一番私のダメなところです」と言います。みんなそう言うんです。これを読んでいるあなたもそう思っているかもしれません。しかし、その後、私が小さい頃からそれぞれに興味を持ったこと、夢中になったこと、やっている時は安心できていたこと、これだったらずっとやっていても嫌にならないこと、休みの時についやってしまうこと、などを細かく聞いていきますと、ちゃんと出てきます。

不思議なことです。

やりたいことがないんです、とほとんどの人が言うのに、実際に興味があることはそれぞれにみんな違います。

やりたいことはなんですか？　という問いに対しての答え、つまりアウトプットはみんんなテンプレートがあるんじゃないかと思えるほど同じです。

一方、私が細かく聞いていくと、それぞれにまったく違うアウトプットの可能性が見えてくる。

「これができない」という不可能についてのアウトプットはみんな同じで、「これができるかもしれない」というたとえかすかでも可能性についてのアウトプットはみんな違います。

理由は、もちろんこれは私の推測に過ぎないのですが、おそらく、インプットの違いです。私はこれこれができない、私はダメだ、というような不可能についてのインプットはみんな同じなんです。しかし、私はこれができるかもしれないという可能性についての元になっているインプットはみんなそれぞれに違う。

不可能についてのインプットがみんな同じである理由はなんなのでしょうか。両親から言われた、友達に言われた、インターネットで調べて自分がダメだと思った、つまり、**これはすべて他者の声を元にして作り上げているから**かもしれません。その逆で可能性を感じることについては、常に自分が興味を持ったことから始まっていますから、もちろんこれは自らインプットしているわけです。

しかも、可能性については必ず経験から導き出しています。

だから声が誰にも似ていないわけです。

その声にこそ、その人を生かす力があると考えるのは当然のことだと思います。だからこそ、他者から病名をつけられ薬を処方するやりかただけではうまくいかないのです。それはサポートでしかありません。主となるのは、その声。しかし、その声が今、ほとんど出せる場所がないのではないかと私は思っています。

私たちにとっての最良の薬は、つまりこの「声」なんです。

*

今回、こうやって人前で「いのっちの電話」に近いことをするのは初めてのことでした。人前ですので、話せるはずがないし、プライバシーのことを考えても難しいかなと思ってました。それでも「いのっちの電話」を受けるたびに「ああ、このやりとりをみんなが聞いてくれたら、自分だけが悩んでいるわけじゃないと知れて、落ち着くんじゃないか」と感じてました。

みんな自分のことをやたらと問題視してましたが、その問題とされるものは、実は多くの人、それこそ人間であれば誰でも感じるようなことだったからです。でも、そのことを誰にも言えないんです。風邪を引いたのであれば、すぐに病院に行けばいいんでしょうけど、そこで感じていることはそれこそ精神科の病院でも実は言えていない、と言う人も多くいました。声にできない結果、調子を崩してしまった姿を見て、病院では診断されているように私は感じました。これをなんとかできないものか、この企画はそうやって始まりました。

私は慣れてますから人前でなんでも話せちゃいますが、他の人は決してそうではないはずです。恥ずかしいですし、周りは知らない人ばかりです。しかし、みんなやってきているわけですから、みんな話します。そして、おそらくですがみんな何かは抱えてます。そのため、みんな正直に話してくれました。

そして、ホワイトボードがとても効果的でした。不思議なものです。壁なんですけど、チンケな壁です。スカスカで誰でも聞けるわけです。聞いていることを相談者もわかっている。ところが、私も感じましたけど、舞台上のホワイトボードの診察室側は本当に密室のような感じでして、なんだか落ち着く空間でした。これは面白い現象です。私も舞台上で演劇はしたことがないので知りませんでしたが、舞台というのは、そこに集まる人全員の意識というのでしょうか、今から舞台を観るという思考が集まって、目に見えない空間ができていくからなのか、私が突然思い立ってやり始めたにもかかわらず、本当に診察室に変貌していました。

私がつくった病院は、今、現実に存在しているどの病院にも行けないような症状を抱えている人がやってくる病院です。何科かと聞かれても、私ですらわかりません。ダジャレではないですが「なにか」ではあるんですが。どこに診てもらったらいいのかわからないので、もちろん言葉にはなりません。声にもなりません。でも何か抱えていることは、自分では感じてます。そして、そういうものがあるということを、長年「いのっちの電話」をやり続けてきた私は知ってます。かつ、私もまた何か声にすることができない何か、と何かばかり使ってますが、決して居心地はよくはないのだが、単純にただの苦しみであるとは言いづらい何かを感じ持ってます。

だからこそ診察室に入るなり、みんなからそれぞれ言葉が出てきました。

つまり、声にならないもの、言葉にならないこと、それが実際に自分の体の中にあったということです。存在していたわけです。しかも、それを実はホワイトボード越しにみんなで知覚していました。誰も不思議には感じてませんでした。今まで言葉になっていなかったにもかかわらず、です。なぜならみんな知っていたからです。何かあることはわかっていた。それが何かもわかっていた。でも口にするようなことじゃないと思っていた。声に出すのは恥ずかしいと思っていた。だからこそ誰にも相談できずにいた。一人で抱えて持っていた。体の外には出したことがなかった。体の中でぐるぐると滞っていた。

それを外に出したいですね！

ところがこの感覚は誰もが持っているはずなのに、なぜか見向きされていないように思えます。

私としてはこのよくわからない、言葉になりにくいものが出てくる、しかもそれをみんなが聞いている、この変な診察室を全国に設置したいくらいです。

＊

「自分の薬をつくる」という方法はもともと私自身を治すところからはじまりました。

私は時折、強い不安に襲われてしまい、さらには死にたくなってしまうという状態でした。その時には、死にたいと思っていないときがあったこともすべて忘れてしまっていました。さらにはやけに元気なときがあることもすっかり忘れています。私の場合は、その時々の行動の記憶自体はあるのですが、感情の記憶がすっかりなくなってしまうようです。

そういうことを相談しようにも、まわりに理解してくれる人はいませんでした。それでも家族は理解はできないが、大丈夫だよと優しく声をかけてくれていたので、さらに悪化するということは避けられました。病院に言って、それが躁鬱病だと診断されたとき、それまで躁鬱とは気性の話だと思っていて、病気だとは知りませんでした。それが二〇〇九年の出来事です。その時にはすでに私は本を三冊ほど書いており、それでも生活していくためのお金はなく、娘が生まれたばかりで、お金が無いので引越しのサカイにバイトに行ってました。動いているときはいいのですが、また一人になると、不安で押しつぶされそうになって、少しでも曇り空になると落ち込みは深まり、西日に当たるともう死にたいとなってしまっていました。

病院に行くのは月に一度です。病院に行っても、じっくり医師と話すわけではなく、手応えのない薬を飲みつつ、これから一体、どうやって生きていったらいいのかと毎日悩んでいたことを覚えています。しかし、同時に時々、私はやたらと元気になり、なんでもできると思い込み、さまざまな企画をしては、無事にそれが終わると深い鬱に落ちていってました。そのときはまだ躁鬱病であることを家族以外に打ち明けることもできていません。きついときもありましたが、どうにか体を引っ張ってトークなどの人前の仕事をこなしました。しかし、帰ってきたらすぐに寝込んでいました。人と会う約束をしてもキャンセルすることが増えていったりしました。

躁鬱病についての本などを読んではみたのですが、どれも少しの参考にはなりましたが、これだ！　と思って食い入るように読むことはありませんでした。インターネットで躁鬱病のことも調べました。この本の中にも出てきますが、とにかくどうやって治せばいいのかと祈るような気持ちでまとめサイトなどを覗き込んでいたのです。しかし、当然ながら何も参考になるものはありませんでした。書いてあるのは、一生治らない、服薬を一生続ける必要があるというようなことばかりでした。あんまりいい人生にはならない、というようなことも書いてました。深く静かにショックを受けました。しかし、また元気になると、そんなことあるわけない！　と気張って外に繰り出してました。

私に変化の兆しが見えてきたのは、東日本大震災の後、福島の原発が爆発したために、東京から熊本に避難するために移住してからです。熊本に帰ってみて感じたのは、自分が生まれ育ったわけではない東京で子育てしながら、自分自身のよくわからない仕事を進めていくことが負担になっていたのかもしれないなということでした。熊本に帰ってきて、小さいときから慣れ親しんだものと触れることで、少し安心する私がいました。同時に慣れ親しんだところだからこそ、鬱になってしまうと、人に会えないことが余計に苦しくもなりました。それでも時間の流れも違いましたし、自分の生活を整えていこうと思うようになったのではないかと思います。

熊本で、橙書店の田尻久子ちゃんと出会えたのも大きかったと思います。彼女にはどんな鬱の時にでも相談ができるのです。家族にも伝えてはいましたが、近すぎると伝わりにくいこともあるようで、橙書店は歩いて一〇分のところにあるのでとても近いのですが、それでも離れた場所でいつ何時でも相談できるという友人ができたのはとても重要なことでした。

それまでは私は自分のことを躁鬱病だと思ってましたし、その病気の症状を読みながら、自分に起きている症状を確認したりしてましたが、久子ちゃんは違っていて、躁鬱病のことはほとんど無関心というのか、あまりそのことには言及しないで、ただ私が嘆いていることに対して、丁寧にリアクションしてくれました。彼女の対応は、その後の私が実践しているいのっちの電話にも大きな影響を与えていると思います。

坂口「人に会いたくないんだよね」
久子「人に会いすぎでしょ。会わなくていいじゃん。色々感じちゃう体質なんだから、そりゃ人に会ってたら疲れちゃうよ」
坂口「おれ色々感じちゃう体質なのか……」
久子「えっ、気づいてなかったの？　こらこら。気づいてよ。そうじゃないといのっちの電話なんかできないでしょ、普通。声だったらいいんだよきっと。体が会うと、感じすぎちゃって疲れるから、あんまり人に会わないほうがいいと思うよ」

坂口「それ気づいてなかったかも、おれ元気な自分が正常だと思ってるところあるから、元気がない時もできるだけ、元気なふりして、人に会った方がいいと思って行動してたかも」

久子「やめときなさいよ。あなたが元気なときは逆に私会えないもん、今くらいの静かな感じもいいかもよ」

坂口「えっ？　暗くない？　なんか重いっていうか」

久子「全然、そっちの方がいいよ私は。あなたは大変なんだろうから、そのままでいてとは思わないけど、でも、そんなに喋らなくてもいいんだよ」

坂口「そうなんだ……。今、むちゃくちゃ鬱なんだけど」

久子「面白いことにね、人にはそう見えてないから、黙ってて、結構いい感じよ。落ち着くっていうか」

そういった一つの一つの対話に目から鱗というのか、人にこんなこと聞いたことがなかったから知らなかったというのもあるのでしょうか、久子ちゃんはそういったことを丁寧に教えてくれました。

そうやって少しずつ、自分が最悪だと思っている状態が、実は他の人にはそうでもない、むしろ落ち着く状態であると気づくようになりました。このことに気づいたのは驚きでした。私は自分が鬱になっているとき、誰にも見せたくなかったのですが、その理由が人から暗い人、重い人、近寄ると自分も病気になると思わせてしまうんじゃないかと思っていたからです。つまり、人からどう見られているかばかり気にしていたのです。はっきり言うと、それだけなのかもしれないと思うようになりました。他の人はともかく、久子ちゃんは悪く言ってない、と自分が納得しようとすると、また久子ちゃんが「いやいや、私だけじゃなくて、きっとみんなもそう感じるって」とまた言うのでした。

そうやって、まずはインプットの歪みを治していったんだと思います。調子が悪いときは、こうやってインプットが歪んでしまいます。すべて悪いようにしか想像ができなくなります。むしろ、これは「調子が悪い」わけでも「落ち込んでいる」わけでも「鬱」ですらなくて「**インプットが歪んでいる**」と言葉にした方がいいのではないかと私は考えるようになりました。

久子「鬱ってことは、何も書いてないの?」

坂口「それが……実はむちゃくちゃ書いているんだよ」
久子「え、読ませてよ」
坂口「いや、落ち込んでいる自分はなんてダメなんだってことしか書いてないから、恥ずかしくて」
久子「何恥ずかしがってるのよ、読みたいから送ってよ、毎日書いた原稿送ってくれるみたいに」
坂口「う…う……うん、後で送るー」

そして、原稿を送ったのです。

久子「面白いじゃん」
坂口「嘘だ」
久子「私、嘘言わないし」
坂口「そりゃそうだ。それは知ってる。本当に面白いの？」
久子「うん、これはちゃんと人に届くよ」
坂口「そうは思えない」

久子「今は、ね。でも後で気づくよ、この原稿が面白いって」
坂口「これも作品なの？」
久子「むしろこれが作品でしょ。調子が良いときはそりゃどんどん書けるけど、迷いがなさすぎて、読む方はちょっと……って時があるよ」
坂口「そうなの？　それは知らなかった」
久子「調子がいいときは疑問にも思わないから、そんなこと聞かないしね」
坂口「今はむちゃくちゃ聞く……。迷ってるし」
久子「迷っているところがいい。読んでたら、自分のことかもしれないと思うよ、読者は」
坂口「え、本当？」
久子「だから、私嘘が言わないから」
坂口「そうだった……」
久子「で、毎日、こんな量の原稿を書いているの？」
坂口「実はね、そうなんだ。恥ずかしすぎて誰にも読ませられないと思ってたけど、普段より元気な時よりも書いてる」
久子「だから、今は、書くしかないんだよ」

坂口「こんなことでも？」
久子「出てきてるんだから、仕方がないじゃない。全て出てしまうまで書いてしまった方がいいよ」
坂口「でも、書きながら、こんなつまらないものを書く自分はダメだってなるから」
久子「そうなる前に、すぐこっちに送って。後でどうせわかるから。今は出す時なのよきっと。いいと思えなくても、捨てないように。どんなものでも出したものは大事にしてて。そういうときに書いたものが、本じゃないの。そんな幸せで元気満々な人の本、あなた読む？」
坂口「読みたくもない」
久子「でしょ、わかってるじゃん。今はつくる時ってことよ」

と、このような話をしているうちに、私は今まで自分が最悪だと思っていた習慣、それが調子が悪いときに嘆きの文章を延々とつらつらと書くことが、実は、何かを外に出そうとしていたことに気づいたのです。アウトプットをしようとしているのだ、と。
でも、やり方はまだよくわかっていませんでした。だから、自分の嫌なことばかりを書いていました。しかし、それだけじゃなくて、実は言葉にならないようなことが頭には浮かんでいました。久子ちゃんは「何もかもむちゃくちゃでいいから書いてみて、自分のことばかりじゃなくて、思いついたことすべて書いてみたらいいよ。書き逃さないように。そして書いたら送って」と言いました。

私が「でも意味がわからないんだけど」と言うと「意味なんかわかってどうするのよ。とにかく何かが外に出ようとしているんだから、それを今の自分が理解できる範囲でとどめないであげて」と言われ、なるほどそうかと思い、私はそれまでは躁状態の時にしか書けなかったのですが、この鬱の時に、一番落ち込んで死にたいと思う時に、実は思いついていることをそのまま書いては久子ちゃんに送るようになったのです。

そしてこれが「**自分の薬をつくる**」ことの源流になりました。

調子が悪い時というのは、実は「インプットが歪んでいる」時であり、さらには「**アウトプットを全開にする**」時でもあったのです。インプットが歪んでしまうのは、アウトプットモードに体がなっているからだと言っても過言ではありません。なぜならその後、私は鬱の時に大量の原稿を書くようになったからです。

自分の薬が必要だと感じているときは、つまりアウトプットするときなのです。

もちろん、これは私という一人の人間に限定して起こった、とてつもなく個人的なことです。しかし、私に起きた超個人的なことこそが、普遍につながると私は思ってます。

そこに「何か」がもうすでに「有る」のですから。1があるということは、2もあります、10もあります。それこそ無限大あるわけです。しかし、その1と2は違います。10もそれぞれに違います。それが無限大あるわけです。壮大なことを言っているようですが、とてもシンプルなことです。それが今まで私の身に起きた他のことと違うのは、それがどこにも書いていない私が体感したことだからです。それはインプットして生まれたわけではありません。人の言葉という縄を伝って、私の中から外に出ていったことから生まれているわけです。

「educate」＝教育するという言葉の語源はラテン語の「educatus」でその言葉は「e」(外へ)+「ducere」(導く)という言葉の組み合わせからきています。まさに私はあのとき、久子ちゃんから外へ導かれたのではないかと思ってます。本来、教育とはインプットさせて植え付けるというものではなく、このようにその人独自のアウトプットへと向かわせる、導いてあげることなんだと納得しました。

その経験をもって、「いのっちの電話」を継続していくと、ほとんどみんなが当時の私と同じような状況に置かれていました。

だからこそ、私ははじめは久子ちゃんや私の周りの助けてくれた人から学んだ話法で、少しずつ外に導くという方法を伝えるようになっていきました。そして、それが今回の「自分の薬をつくる」という公開実践の場につながっています。

すべては悩みではなく、滞っていること、そして、それは常にアウトプットされることを望んでいること。

その発端となる縄は**声によってつくられる**こと。

アウトプットは瞬間的なものではなく、長い時間**日課**を経て少しずつ外に出ていくということ。

そのようにして自分の薬はゆっくりですが、確実にあなたの体の中で、生活の中で、人生の中で形成されていくと思います。

ぜひあなたも自分の薬をつくってみませんか？

STAGE: 04

非日常につける薬——あとがきにかえて

Covid-19が流行しています。自宅待機、友達にもあんまり会えず、お店で酒を飲んだりもできないこの感じは鬱のときの私に似てるかもしれません。突然の、発作的な、長期の休み。経済活動もストップ。鬱の私はいつもそうです。前兆もなく襲ってきて、昨日までは外に出られたのに、一切出れなくなります。もちろん人にも会えなくなります。

私のまわりのいつもはとても健やかな友人たちも鬱っぽくなっているようで「こんなことは初めてだし、いつも苦しんでる鬱の人の気持ちがわかったかも」と言われたりしました。

どうやら躁鬱病の人や、統合失調症の人などは、マラリアなどの伝染病にかかっても平熱のままで、それまでは健康的だった人たちを介抱しはじめるらしい。そうやって、この病気の遺伝子は生き延びてきたようです。嘘みたいな話ですが、今、私は不思議なほど、それこそ躁鬱病と診断されてから一二年が経ちますが、今までで一番穏やかな落ち着いた日々を送ってます。何よりも改良し続けてきた日課が効いているんでしょうが、平時は激しい波に飲み込まれてしまう私は、危機的状況ではピタッと波がおさまり、冷静になるようです。

それは二〇一一年三月一一日のときもそうでしたし、二〇一六年四月一四日の熊本で起きた大地震の時もそうでした。

いのっちの電話をしている私にとっては、年間二万人以上が自殺で亡くなる**これまでの日常こそ危機的状況だ**と思ってます。

ところが社会はそのようには感じていないように見える。日常ではそのギャップがとても激しいです。その結果、私の精神の波が大きく揺れてしまうのでしょう。一方、何かが起きて世界全体が危機的状況になると、普段は健やかで安定している人も同じように波を起こしはじめます。これではまるで災厄を求めているように聞こえるかもしれませんが、これが私の正直な気持ちです。そして、私が感じている危機は伝染病よりもやはり、それまでの日常の中に隠れつつ、実はしっかりと存在していた自殺の問題ですし、そのことについて今も変わらず電話番号を公開し行動していこうと考えてます。

この危機的状態の中で起きている管理の仕方についてはとても心配してます。人が人を監視するようになっています。人のことが気になるのは鬱の時に常に起こる現象です。それが社会全体に広がっているように感じます。

本来、人は人に指図ができません。人に注意することもできません。嫌なら文句を言わずに、ちょっと離れたところに移動すればいいのです。でも社会全体に不謹慎なことをするなという空気が充満してます。みんなが自粛を要請されてます。自粛要請という言葉はおかしいのに、人から指図されるものではないのに、国家がそれを要請してしまっている。言葉が壊れてしまっているなあと思います。そして、何よりも窮屈だな、と。

窮屈はこの本でも随時書いてきましたが、とにかく鬱を呼び起こす唯一といってもいいくらいの原因です。非日常のときは、この「窮屈」がいたるところに発生します。でも同時に今までの「窮屈」がほとんど姿を消しているということでもあります。

というわけで、あとがきにかえて、ここでは非日常につける薬について考えてみたいと思います。

*

まず危機的状態になったときどうするか。

健やかな人であれば、そんな時でも平静を保って、これまでの行動を粛々と続けようとするかもしれません。そんな一つ一つの物事にアワアワしていては大人ではない、と教わってきてますから。しかし、**私の場合はすぐ逃げ出します**。ちゃんとしないといけない、と考えた瞬間に鬱になってしまうからです。とてもじゃないが頼りがいのある人間ではありません。私にも二人の子供がいますが、子供よりも先に不安を感じてしまいます。昔はそのことが悩みでもありました。なんて自分は弱い人間なのかとこれでもしっかりと悩んだことがあるのです。でも、ちゃんと、とか、しっかり、とかが本当に無理なんですね。どんどん窮屈になりますから。自分ではやりたくないのに、大人だから、これくらいちゃんとやっておかないといけない。そんな状況になった瞬間に体がおかしくなります。

そんなとき、さっと逃げると、とても楽になります。根無し草のように踏ん張らずに川の流れにサラサラと流れていくんです。私は二月下旬と三月上旬に二つライブがあったのですが、なんか気になるから、と主催者に伝えて、ライブをやめてしまいました。どうも変だな、と思ったまま、行動を続けることができないんです。

そして、逃げたら、逃げた後の気分を観察しましょう。心地いいか、より悪くなったか。もしも心地よかったなら、成功です。より悪くなったとしても、逃げると、ゆっくり休養はできますから、お得です。次は逃げずにやろうと思えばいいだけです。そんなことじゃ社会活動なんかできないとおっしゃる方もいるかもしれませんが、私の経験では「嫌われる人からは結局いつか嫌われるから、やりたいようにやったほうがいい。我慢するのはまったくの無駄である」に尽きます。そんな一回の逃げで失うような仕事は、いつか必ず失います。早めに失って次を探した方がきっと心地よく生きられるはずです。それで失職したとしても、心のどこかでは安心してるかもしれません。とにかく窮屈にならないこと。これが一番大事なことだと思うんです。

そんなわけで私はすぐ逃げて、一人でこもります。これも書いてきましたよね。**自閉するる**ってことです。ついつい人は、人間にとって一番大事なものは他者だ、と思い、たとえそこが居心地よくなくても近寄っていってしまいます。自ら窮屈さの方に行ってしまうんですよね。それをやめるだけで、むちゃくちゃ楽になりますよ。ずっと孤独でいろって言っているわけではないんです。窮屈さを感じた瞬間だけ、一時的に避難するってことです。そこで体調を整えて、また出向けばいいんです。なので、積極的に自閉しましょう！

そうすると、あらゆる物事が停滞します。

停滞する、停止する、これらのことを人はとにかく恐れます。経済活動なんかもそうですよね。だから、一回止めて、体制を整えた方がいいのに、ズルズル行動しちゃう。私の場合は、そんなことすると余計にひどい鬱になりますので、より深く停滞してしまいます。なんにせよ私には停滞が必ず訪れてしまいます。もちろん停滞の時間を過ごすのは、きついです。

しかし、停滞のときにいつも私が感じるのは「**普段使っている体や活動や思考は停滞しているが、実は他の今まで使ったことない何かが動き出している**」ということです。そうやって、今までもう二度と何も生み出せないと思いつつも、新しいことが発生してきました。それは後になってからでないと気づけません。やっている最中はわからないんです。なぜなら今まで見たことがないものだからです。すべてのことが停滞している今は、それこそ「停滞の練習」の機会なのかもしれません。

停滞している間、何もかもが色あせて見えます。

私は深い鬱に陥ってしまうので、本当に色がなくなってしまいます。考えることはできません。体もうまく動きません。そんなときどうするか。私は四足歩行していたときのことを思い出します。唐突ですみません。でも、必死なんです。なんとかしなくちゃいけない。でも足を動かして、外に出て活発に活動することができなくなってるんです。でも私は太古、四つ足で動いてたと気づく。そして両手を見るんです。これも昔足だったじゃないかと。そしてそのもともと足だった二本の手を使って、どこかにいこうとできるんじゃないかと考えつきます。

手を動かすんです。それこそ足を動かして旅に出るように。手は指まで細かく動くようになっていますので、指だけで旅することもできます。そうやって、編み物をやったり、絵を描いたり、料理をしたり、陶芸をしたり、織物をしたりしてきました。

そうすると、頭、脳みそを使って思考しているのとは、別の思考が出てきたんです。それは言葉にはなっていません。でも確かに実在しているように感じます。私がこのワークショップで一番最初に伝えたこととも繋がります。外側への観察ではなく、内側にある自分ではないもの、内側の風景と呼べるようなものの観察が、停滞している時に可能になるのだと私は感じるようになりました。

哲学者のヘーゲルは「自由とは意識がみずからの裡につくりだす現実のことだ」と言ってます。

停滞の間、手を動かすことで私が垣間見たものが自由だと思うと、とても嬉しくなりました。

みなさんもこれは停滞できるチャンスだと思って、積極的に逃げて、こもって、手を動かして、ぜひあなたの自由を見つけ出してみてください。そう思うと、面白くなりませんか？　窮屈さを退けるのは、そういう喜びや楽しさです。

コツは適当になんでも思いついたことをやるってことです。うまくやろうとすると、飽きたとき、なんか悪い気がしますから。飽きても気にしなくていいことからどんどんやってみましょう。なんといっても手を動かして体に多様な風を送り込むだけで、気持ちいいんですから。先を考えずに楽になんでもやるといいですよ。

私は今日もなにも変わらず手を動かしてます。

朝起きて、朝ごはんを作って、原稿を書いて、お昼ごはんを作って、最近はじめた畑を見に行って、午後三時からは西日を浴びないようにアトリエで三時間絵を描いて陶芸をしてます。まわりは騒がしいですが、**日課をただ続けてます**。社会の時間軸と別に、自分の時間軸を作っておくと、社会が折れても、自分は折れません。私も精神的には停滞しているんだと思います。特に何にも閃いたり思いついたりできません。そんな日々ですが、手は動かしてますので作品だけは少しずつでき上がってます。今こそ手です。**手の抵抗**。

　私の場合は二、三か月無収入とはザラにある普通の出来事なのですが、そういうときのコツは、金にならなかろうが毎日つくること、だけです。それで今までどんなときでも生き延びてこれました。だから仕事がなくなろうが売れなかろうが気にせず、次をつくるんです。むしろつくるだけになります。それが次の何かにそのまま変貌するんです。こもっている、働けない、金がない。それはそのまま手を動かして創造しろってことです。才能あるとかないとか関係なくて、それやんないと気が狂うからやってるだけです。すごいものを作ろうなんて考えたら手が止まりますから、まったく無駄なのでやめて、下手でもいいので狂わないようにつくってみてください。

　縛られない生活が続くと、生活リズムが乱れて遅く寝たりしているかもしれませんが、気をつけてくださいね！　そのままにしてるとすぐ鬱になりますからね！　自由時間だけの生活になったときはとにかく「**早寝早起き朝ごはん**」これが基本です。遅寝しても早起きが基本です。睡眠不足よりも起きる時間のほうが大事です。家にこもってる人には本当に効くからお試しを。引きこもりも楽かと思われるかもしれませんが、けっこう大変なんですよ。すぐ狂ってしまいますから。でも自分の方法を見つけたらそれはあなたの「時間」になります。

*

今日も変わらず「いのっちの電話」はかかってきてます。

もちろん私は医者じゃないので薬が出せません。そのおかげであれやこれやとアイデアを出したり、経験から作り出した直感で対応するしかありません。でも、一緒にその人にとっての薬をつくりたいなといつも思ってます。やっぱりこの電話でも私は「作ってる」んですね。毎日作品を作っている作業となんら変わりません。私は創造行為として「いのっちの電話」をやっているということです。電話口から聞こえてくる声の内容はとてもとても個人的なことです。社会で起きていることの前にそれぞれの人に起きているその人だけの出来事があります。私が担当しているのはそこに目を向けるということです。その対処こそ私の創造行為なのかもしれません。

【いのっちの電話】45歳・男性

男「転職して二か月で速攻で休職してしまいまして」
私「まあ、それはいいとして面白いことしようぜ。そうしないと戻ってもつまらんし、治らんし」
男「はあ」
私「何が好きなの？」
男「音楽ですね。でも一緒にやってた親友が死んでしまいまして、それ以降止まってまして」
私「そういう時こそやろー。どうせやらないでも頭でぐるぐるするだけでしょ。こういう時は頭では一切考えさせない方法が有効だよ」
男「はあ」
私「アルバム作ろう」
男「はあ。でも何も浮かばないので」
私「浮かばせようとしちゃダメダメ。考えないで作るコツ教えるから」

男「はあ」
私「まずは楽器何ができるの？」
男「たいてい、なんでもできます」
私「お、完璧。じゃあ、まずはメロディライン。ギターかピアノで適当に弾いてみて。アルバム作るから一曲目ってことで。決めるのは尺の長さだけ。3:55とか決めてその間適当に爪弾いてみて」
男「はあ」
私「その次はベース！」
男「はあ」
私「そしてドラム！」
男「はあ」
私「で、次は歌詞だね！」
男「いや言葉は出てきませんね」
私「やめとけやめとけ考えるのはやめとけ」
男「と言いますと？」
私「何か好きな本ある？」

男「三毛猫ホームズシリーズですね」
私「君、天才かよ。おもろすぎ」
男「祖父の家で見つけたんです」
私「じゃあ一枚目のアルバムは『推理』というタイトルでいこ」
男「えっ？」
私「三毛猫ホームズの第一作のタイトルじゃん。このシリーズ五三作まであるから、五三枚作れるよ」
男「ちょっと意味がわからないんですけど……」
私「三毛猫ホームズの推理をひも解いてバラバラにして」
男「ああ」
私「ページをまずは切り刻む」
男「あの……」
私「どうしたの？」
男「やっぱり、一番最初に衝撃を受けた本と言いますと、やはり『風の谷のナウシカ』原作漫画かもしれないと思いまして」
私「お、なんか出てきてるねー。そりゃいい。じゃあナウシカの漫画の吹き出しを一巻からすべてノートに書き出して」
男「はあ」
私「そのまま歌詞にしたら、駿先生に怒られるけど、その言葉だけを使って、ガンガンまぜまぜして自分の歌詞に仕立て上げるわけよ」
男「はあ！」
私「そうすると、ほぼ自動的に歌詞ができ上がる。しかも自分が好きな本の中の言葉だからどんどん必然性が高まって、歌の神秘が高まっていく」
男「なるほど……」
私「じゃあ一枚目のアルバムは『風の谷』だね。作れそうでしょ」
男「あの……」
私「どした？」
男「今話しながら、急に思い出したんですけど、自分で全部作って演奏して歌詞書いてアルバムを作るのが、中学生の時の夢だったんですよ」
私「あ、思い出したあ！」
男「はい」
私「なんで思い出したか知ってる？」

男「いや」
私「俺、一〇歳の時のまんまなにも変えずにずーっとそのまましかも寿命で死ぬまで延々とそれやろうとしてるからよ」
男「はあ。思い出しました」
私「なんかいけそうね」
男「はい。何十年ぶりかに会った旧友ですか？」
私「まあそんなとこだよ」
男「アルバム作ってみます」
私「一曲だけでもいいから。何一つに考えずに作るってのを試してみて、みんな考えすぎだから。意志や意識とか思考とか使いすぎ。脳と肺酷使しすぎ。コロナにやられるぞ」
男「だから息苦しくなるんですね」
私「そゆこと！」
男「感謝します。作ったらまた連絡します」
みなさんも困ったらすぐ電話で相談してくださいね。

僕の携帯電話番号は 090-8106-4666 です。これも正気を保ち生きのびるための技術ってことです。**困ってることを直接口にすること**。困ってることは全部外に、内奥には作るための力を溜め込みましょう。困ってることは口にして、困ってることから発動した力は作ることにして外に出すって戦法。

痛かったり、苦しかったり、死にたかったりするのは、きっと一人で考えすぎてるからですよ。もちろん人間はみんな孤独です。だから困ったら、すぐに相談しましょう。そうやって、素直に口にするとむちゃくちゃ楽ですよ。

むちゃくちゃシンプルな結論に達してますが、それがなかなか難しくなっているのが今の世の中なので、私はいつまでも声を大にしていい続けたいと思います。

とにかく一人でどうにもできなくなったら相談すること。素直になること。素直な声を出せば、この本読んでもらえば分かったと思うんですが、そもそもそれは悩みではなく、自分が何かをしようと、それこそ創造をしようという準備段階だと気づくはずです。

自分の薬をつくるというワークショップをやって本当によかったです。私はとても自然に感動しました。この本に登場して相談してくれたみなさん、ありがとうございました。

人から信頼されるのはとても力になりますし、人から、元気になった、ありがとうと感謝の言葉をもらうのはとんでもない治癒力があります。いつもこういう行動をして助けられるのは私自身です。

みなさんがそれぞれに自分の薬をつくれますように。

もちろんわからなくなったらいつでも相談してください。

お互い素直になって声を交わしましょう。

それではまた、どこかでお会いしましょう。

二〇二〇年四月二七日　自宅書斎にて

坂口恭平

追伸：畑をはじめて、野菜が夜育つと知ったので、毎日夕方五時から畑に行くようになったら、自然と西日が嫌いではなくなりました。今では毎日畑から夕日が沈むのを見ることが好きになりました。今の僕の薬は、毎日畑に行くこと、です。

そして、通院、服薬を完全にやめました。

JIBUN NO KUSURI WO TSUKURU

坂口恭平

SAKAGUCHI KYOHEI

1978年、熊本県生まれ。早稲田大学理工学部建築学科卒業。2004年に路上生活者の住居を撮影した写真集『0円ハウス』(リトルモア)を刊行。以降、ルポルタージュ、小説、思想書、画集、料理書など多岐にわたるジャンルの書籍、そして音楽などを発表している。2011年5月10日には、福島第一原子力発電所事故後の政府の対応に疑問を抱き、自ら新政府初代内閣総理大臣を名乗り、新政府を樹立した。躁鬱病であることを公言し、希死念慮に苦しむ人々との対話「いのっちの電話」を自らの携帯電話(090-8106-4666)で続けている。12年、路上生活者の考察に関して第2回吉阪隆正賞受賞。14年、『幻年時代』で第35回熊日出版文化賞受賞、『徘徊タクシー』が第27回三島由紀夫賞候補となる。16年に、『家族の哲学』が第57回熊日文学賞を受賞した。現在は熊本を拠点に活動。2023年に熊本市現代美術館にて個展を開催予定。近刊に『cook』(晶文社)、『建設現場』(みすず書房)、『まとまらない人』(リトルモア)など。

自《じ》分《ぶん》の薬《くすり》をつくる

2020年7月15日　初版
2020年9月15日　4刷

著　者　坂口恭平

発 行 者　株式会社晶文社
東京都千代田区神田神保町1－11　〒101-0051
電　話　03-3518-4940(代表)・4942(編集)
URL　http://www.shobunsha.co.jp

印刷・製本　中央精版印刷株式会社

ISBN978-4-7949-7184-5

Printed in Japan